Gentle, but Powerful!

轻有力

用90后思维管理90后

韩庆峰·著

中国青年出版社

献给 韩墨

我的女儿，我的老师

目录

序言：找回管理的自信
- ii 因何而来的你
- v 相比90后，我更关心的是你
- viii 90后三部曲

90后：一场前所未有的代际"战争"
- 003 管理者：被清零的管理自信
- 005 不仅仅是代际冲突，更是一场"战争"
- 007 我们正在丧失的权威
- 012 "控制"与"对话"之争
- 021 冰山之下的代际差异
- 023 60后 VS 90后
- 027 80后 VS 90后
- 032 轻管理秘笈

轻管理模式：止息代际"战争"的秘笈

- 037 轻管理入学测验
- 039 轻管理模式：一招三式
- 042 轻管理第一式：软化冲突
- 044 轻管理第二式：淡化权威
- 046 轻管理第三式：强化边界
- 049 轻管理的"图像化"
- 053 轻管理秘笈

寻找小Y：如何选拔90后员工

- 057 量与质：即将发生逆转的人才供给
- 063 轻管理策略：迎合习惯，兴趣优先
- 066 与时俱进的渠道变革
- 070 通过"再设计"提升岗位吸引力
- 075 在招聘中传递正确的信息
- 078 告别结构化面试，善用冲突情境
- 082 别让招聘输在终点线上
- 085 轻管理秘笈

再加工：如何帮助 90 后尽快成为合格员工

    089 火与冰：当热情遭遇冷淡

    091 轻管理策略：有心有法，疏导转化

    096 比入职培训更重要的"工作首日管理"

    102 处理好"高期望值"

    107 "准父母"式管理

    113 教会他们一次做好一件事

    117 网络工具使用规范

    123 轻管理秘笈

和而不同：如何让 90 后乐于接受你的管理

    127 威与信：过时的绝对权力

    129 轻管理策略：存威立信，重在疏理

    136 没错，就是"对人不对事"

    141 成为一个教练型管理者

    146 给他们一点真正的权力

    151 变"潜规则"为"显规则"

    155 轻管理秘笈

融化自我：如何让 90 后有效自我管理

- 159 高与低：如何看待自己，决定如何自我管理
- 161 轻管理策略：站高一线，善用团队
- 168 用团队的力量化解"自我"
- 173 比代替他们选择更明智的，是教会他们战略思考
- 183 帮助他们找到自己的节奏
- 189 轻管理秘笈

跨越鸿沟：如何与 90 后建立深入的关系

- 193 近与远：隔水相望的关系
- 196 轻管理策略：清除障碍，以心换心
- 199 以积极互动，消除"刻板印象"
- 205 减少"噪音"，让沟通"通畅"起来
- 211 帮助他们有步骤地融入组织
- 218 心理契约：让关系生根
- 223 轻管理秘笈

管理梦想：如何让 90 后保持工作激情

- 227 施与求：不合拍的激励
- 231 轻管理策略：与彼所求，以彼节奏
- 237 梦想管理，与金钱无关
- 243 "参与"是最大的认可
- 246 "弹性"奖励
- 249 轻管理秘笈

后记：与质疑同行

序言：找回管理的自信

因何而来的你

虽然我不知道你现在身处何地,但是我知道你为什么会拿起这本书。我没有什么超能力,只是我的专业经验告诉我,愿意花时间打开这本书的不外乎以下五种人。

第一种,你正在被某个或某些 90 后所困扰,他们可能是你的孩子、学生、员工、同事或朋友。你觉得他们与你很不同,或者是与你想象的很不同,再或者是与你觉得他们应该有的样子很不同。你困惑、不满、担心甚至绝望,这一代人究竟怎么了?你四处寻找可以"修理"他们的工具,并希望自己马上拥有"修理"他们的能力,所以,你是来"找斧子"的。

第二种,本来你对这本书不感兴趣,不过总有人不断地在你耳边唠唠叨叨,不厌其烦地推荐你看;单位把它当作读书任务发给你,领导还逼着你做笔记、写感想,真是烦死了!

但是如果你不看，可能会影响到你与他们之间的关系或者是这个月的奖金。嘿，就当给他们个面子，翻翻算了！所以，你是来"给面子"的。

第三种，就是原本你是真的不想看的，每天有那么多事，哪还有闲工夫看书？都这么多年不看书了，事业发展不也挺好吗？但是你的上司对你明示、暗示、软示、硬示，现在90后员工越来越多了，在这方面你一定要好好地学习一下，要是管不好他们，别说晋升了，就连你现在的职位也可能不保。你觉得自己被逼无奈，所以，你是来"保位子"的。

第四种，实际上你根本不认为这本书会有用，甚至所有管理类的书（尤其是中国人写的）在你看来都是胡扯。为了给这些以炒作概念牟取暴利的所谓专家们以迎头痛击，你发誓要用自己的时间和智慧来证明这本书就是"一堆垃圾"！所以，我可以理解为你是来"挑骨头"的。

第五种，你一直关注90后问题，你深知这把"达摩克利斯之剑"的锋利，在你心里，你可以接纳90后与你的不同，也相信他们可以承担起未来的责任，只是你还不知道应该如何与他们和谐相处、积极互动、取长补短、共同进步。所以，你拿起这本书，不是为了改变任何人，而是为了成就更好的自己！

总之，无论你抱着何种目的而来，我都要告诉你一个秘密：这本书本身是透明的，我无法承诺和预期你读完这本书的时候应该有什么样的收获。它能带给你什么，完全取决于你抱着什么样的目的和态度来与它相处。

假如你的目的是来"找斧子"的，我相信你一定可以找到，你可以在书里把它们一个个用红笔圈出来，愿意的话你甚至可以注上"一板斧""二板斧""三板斧"……不过我要提醒你的是："斧子很锋利，使用需谨慎！"因为这些斧子究竟是用来修理谁的，需要你自己试试才知道。

假如你是来"给面子"的，那就简单了。你只要花上两三个小时，从头到尾快速地浏览一遍，象征性地做点笔记、写点感想，给足朋友和领导面子，把奖状和奖金领回家，然后就可以和我说再见了。不过再见以后恐怕就是再也不见喽，因为你读书的目的就只是来"给面子"的。

假如你是来"保位子"的，这段时间就辛苦你了。你可能会觉得读书很累，毕竟要是我整天被人逼着，哪怕是吃龙虾也会感觉很痛苦。不过只要你能放松下来，就当是在读一本闲书，我相信你还是可以从中找到一点乐趣的。

假如你翻开这本书只是为了证明这套体系不靠谱，是"垃圾"，那你其实不需要浪费这些时间和精力。我现在就可以告诉你，这本书对于你来讲肯定就是"垃圾"，因为当你满脑子装着对错与挑剔时，那么你看到的一切都是一文不值的东西。

假如你想来成就更好的自己，那么恭喜你，我坚信90后们天赋的特征就是为了能帮助我们变得更好（这样看，90后们肩负了神圣的使命）！他们就像一面面镜子，在与他们的互动中，你会更清晰地看到自己。看到自己的行为、情绪和动机，还有那些深藏在潜意识中平时难以觉察的习性反应。这是你人生中一个非常重要的机会，好好利用，认真阅读只是一个开始，希望你不仅能多一些认识、多一些思考，还能有一些改变。

相比90后，我更关心的是你

接下来我想说的第二件事，是关于"焦点"。你现在拿着的这本书，它关注的究竟是谁？90后，还是管理者？这是一个很重要的问题。我的回答很明确：在这里，我唯一关注的是那些需要与90后直接打交道的管理者们。因此，在这本书中我不会去讨论如何让 90 后们通过自身的努力产生改变，我唯一要阐明的就是在现在与将来，当我们面对 90 后的种种特征以及这些特征给管理带来的重大挑战时，管理者们应该如何通过自身的改变，有效地适应环境并充分地发挥领导力！

正因为我的焦点在此，所以在你进一步阅读之前，我还有四点需要说明。

第一，无论你抱着什么目的而来，我相信，既然你来了就绝不想空手而归。就好像你来参加一场比赛，你总是想拿一块奖牌回去的。所以，在这个过程中，你就是运动员，而我就是你的教练，这就是我们分别扮演的角色。教练有时候可能会很凶，甚至会骂人，但是他的目的只是帮助你拿到奖牌。所以在我的文字里也许有些地方会比较尖锐、不太中听，但是希望你能理解，不是我对你有意见，我只是在履行一个教练的职责。

第二，在书里面你会看到一些你期盼已久的话，比如 90 后为什么会这样，或者是你为一个困扰很久的问题找到了答案。你可能会拼命地点头，太对了！太对了！就是这样的！你也会看到一些你不认同的东西，比如我对管理者们的某些评价，你会使劲地摇头，不是这样的！你说得不对！在接下来的阅读中，我希望你能暂时停止玩这个你已经非常熟悉的

"对错游戏"。我邀请你放松下来,打开你自己,去寻找一些新的可能。我希望你能对这本书有更全面的吸收,你认同的东西本来就是属于你的,你有异议的或者反对的,才有可能成为你认知和进步的动力。

第三,人们常说管理是一门艺术,而我更愿意把它比喻成一门功夫。同样起点的人,由于天赋与努力的程度不同,一段时间后他们的段位会有很大的差别。在90后管理这门功夫上,我想至少有三个段位:黄带,一个可以hold住90后的合格管理者;绿带,一个能被90后喜爱的优秀管理者;黑带,一个可以帮助90后成功的卓越领导者。你希望自己达到哪个段位?你的未来是不是可以成为那个人?虽然我们无法预测未来,但还是可以知道你未来的样子。为什么?因为我们的人生就好比是一部电视连续剧,每天播出一集,虽然今天第十五集还没播,但是从第一集看到第十四集,我们已经可以对剧情有个大致的预测。所以,当你读完整本书的时候,我想你能停下来检视一下自己,看看一直以来你是如何管理人的,有哪些你已经做到,有哪些你可以做到,有哪些是你的盲区。只有清晰地知道自己目前的位置,才能更好地设定自己提升的目标。

第四,我想说:改变是不舒服的!这不需要我多说,大家都很明白。每个人都有自己的舒适区，一旦跨出去就会感到不习惯、不爽、别扭、痛苦，很想改回来。就好像我们平时一样，我们的大脑明明知道有一些习惯必须改变，可是真到改的时候，心理和身体都开始抗拒。其实你可以想象你的人生是同时被两根橡皮筋控制的：前面的一根与你的理想、目标连接，它们通过张力的收缩牵引你不断地向理想前进。这听起来不错，但是为什么这个世界上只有少数人可以实现自己的理想？那是因为我们的后面还有另一根橡皮筋在制约着我们，那就是固有的习惯与惰性。两根橡皮筋的力差决定了我们行动的方向，只有能够承受改变之痛的人，才可能向着理想前进。

90后三部曲

写到这里，相信有不少的朋友会说：你说了这么多，我都理解了，我也会努力改变自己，与90后更好地相处。但是，你究竟有没有什么办法可以让90后的孩子也改一改？好吧，我承认你不是第一个问这个问题的人。事实上，从我研究90

后开始，我碰到的所有人，真的，几乎所有人，一开始都是到我这里来"找斧子"的。

这个世界上最基本的道理之一是：我们改变不了任何人，虽然我们时刻都想改变。作为一名教练，我既然无法替你们拿到奖牌，那么我也没有办法替他们拿到。但是，我可以激发他们去拿奖牌的斗志。因此，除了这一本外，我还有关于90后的书要继续写。

从2010年年初，我开始关注90后问题到现在刚好3年。在这个过程中，我一直被一种强大的推动力所驱使，不敢懈怠。今天想想，应该说那是一种强烈的紧迫感或者说是危机感吧！随着研究的深入，我发现整个社会与90后群体之间爆发出来的，比以往任何时代都更强烈的代际冲突，并不单单是90后的责任。这种不良的互动是双向的，而在这种冲突的过程中，我们往往看到的都是他们身上的错，而忽略了我们正在为这种负向关系不断地添加能量。

所以，我知道我的工作是长期而艰巨的，这不是用《轻有力》一本书就可以解决的。我的规划是在3年内完成我的"90后三部曲"，除了这本书外，还有两本在筹备之中。三本书阐述的都是与90后相关的管理话题，但是受众和主旨会有很大的不同。

《轻有力》探讨的是 90 后管理方法，这本书主要面向组织内的一线管理者，直接与 90 后员工打交道的人。我会提供一套系统思考和处理 90 后具体管理问题的方法，并按照 90 后员工进入组织的时间顺序层层递进，以期在管理者的大脑中建立起一套可以内化并自主应用的体系。

　　第二部集中探讨 90 后管理策略，主要对象是企业家与企业人力资源政策的制定者。因为，90 后对管理的冲击不仅是在行为和沟通层面上，他们内在的价值主张决定了他们最终要改变的是企业的管理模式，而非仅仅是管理形式。我相信一种前置的、主动的管理策略调整不但能够充分地发挥 90 后员工的优势，更能够保证企业在这个剧变的时代同时获得安全、效率与持久。

　　第三部我会从行为与认知的层面更深入地剖析 90 后群体。他们为什么是这样的？在行为的背后，体现了他们怎样的动机？他们为什么会普遍性地拥有这样的动机？他们与理想的社会人相比，有哪些地方过了，又有哪些地方不足？一本剖析 90 后内在特征的书，它的受众会更加宽泛，包含一切对 90 后感兴趣的人群，当然也包含 90 后本身。所以这本书也许可以部分地解答刚才的那个问题。

　　因为后面两部还未脱稿，所以它们暂时还没有名字。由于我的工作和研究领域仅仅局限于组织管理，因此暂时还没有从教育的角度直接为90后成长提供建议的计划。

最后，我想说的是：我当然希望你可以认可我的成果，认可这本书，认可书里面所谈到的方法。但是我更希望通过阅读，每一个管理者都能重新找回在管理上的自信，远离不满、愤怒、担心和绝望。期待通过这些转变，我们可以一起找到安详、和谐和快乐。

愿我们都能享有真正的安详、真正的和谐、真正的快乐！

韩庆峰

2013年3月21日 北京

"不要总是对我说 3 年以后、5 年以后、10 年以后我会如何如何，我想知道，如果我真的努力了，明天我会得到什么？"

90后：
一场前所未有的代际"战争"

管理者：被清零的管理自信

一家大型国企去年刚接收了一批 90 后毕业生，上班的第一天，就有好几个人迟到。在按公司规定接受现场处罚的时候，其中一名新员工拿出 100 块钱问人力资源部的领导："请问，这个有没有包月的？"

在一家外资会计师事务所，8 个今年春季新入职的 90 后员工，培训提前结束后在培训中心里玩起了杀人游戏，尽管有管理人员进行劝阻，但他们似乎并不买账。事后业务部门的合伙人找他们谈话，他们给出的理由是："第一，我们没有在工作时间里玩；第二，这个团队游戏有助于大家相互了解，方便今后工作；第三，请问我们影响谁了！"

在一家管理咨询公司，一名新入职的 90 后女孩，用了一个月的时间，独自对公司进行了全面的调研，整理了一份近 70 页的 PPT，内容涉及公司战略、产品、服务及内部管理的诸多问题，她把报告发给她的直接领导并询问什么时候可以把这些结果展示给公司高层，她在邮件中说："我希望越快越好！"

一家国内知名的社交网站为今年新进的 90 后员工举办了一次座谈会，把 CEO 请来和他们做互动交流。本来还担心这些孩子不好意思说话，没想到一上来就有人发言："老板，您能不能别总是在签名档里修改状态？这样会打乱我们正常的工作节奏！"

一家律师事务所的合伙人最近经常收到来自新员工父母们的电话和邮件，大多数是关于出差与加班的。其中一位家长说："我不要求我的孩子有多大发展，也不希望他承担那么大的工作压力，所以您是不是可以考虑少给他安排一些加班？"

最新的一个故事是：在一家电子商务公司，今年表现最优秀的一名新员工，刚刚被提前转正，可不久就提出了辞职。领导问他辞职的原因，他直言不讳地说："我上次提的意见已经超过一个月了，我们主管总是说好，好，但就是一直不落实。既然这样，我还是再找一家更懂得尊重我的公司吧！"

管人从来都不是一件容易的事，每一个管理者都需要经历从"管事"到"管人"的艰难转变。而当组织遇上 90 后，这件事就变得难上加难。很多管理者感到无所适从："这么多年积累起来的管理自信，怎么一夜之间就被 90 后清零了？"

不仅仅是代际冲突,更是一场"战争"

为什么每一代人踏入社会都会动摇组织这艘大船?因为他们与他们的前辈不同。这种不同被称作"代际差异",也叫"代沟"。它是指年长一代和年青一代由于所处时代、社会环境和生活经历的不同,他们在需求层次、生活态度、心理状态及行为方式等方面存在的差异。

只要社会发展,代沟就必然存在。代沟的存在具有双重意义:从中长期的视角来看,代沟是人类社会发展的根本动力,正是有了代沟的存在,才会促使人类不断改变,并建立新的秩序以适应变化。社会学之父孔德说:"社会的进步只能以'死',或者说以人类社会的不断更新为前提。"另外,从短期来看,这种差异又会引发代际冲突,就像是电影里最老套的情节,只要有父子出现,就必然会伴随着矛盾冲突。

如同 70 后、80 后一样，90 后踏入社会也必然会对社会和组织造成冲击，这似乎为开始的问题提供了答案，但是又有一个新的问题接踵而至：为什么大家普遍感觉 90 后的问题更加特殊，对组织的冲击更加剧烈？为什么管理者们表现出来的无所适从前所未有的统一和强烈？

诚然，90 后的与众不同使代沟的宽度与深度都在持续扩大，这使得他们与前代人之间出现了一条难以逾越的鸿沟，加剧了代际冲突的激烈程度。然而，我认为即使这条鸿沟再宽阔一点，也依然无法成为 90 后问题特殊性的本质原因。90 后管理之所以能成为一个独立的研究课题，是由 90 后所代表的文明传承模式的根本性改变所决定的。这种改变，使原本常规的、逐步加剧的代际冲突，演变成了今天令整个中国社会措手不及的、空前激烈的代际"战争"！

我们正在丧失的权威

人类文明的传承一共有三种模式,它是由美国人类学家玛格丽特·米德[1]提出的,分别是:"后辈复制前辈"的后象征文化、"同代人相互学习"的互象征文化和"前辈需要向后辈学习"的前象征文化。传承模式并非由人类自主所决定,而是受制于社会发展进程的一种自然选择,主要由社会发展速度与未来的可预期性两个因素所决定。

其中,后象征文化持续稳定、变化难以察觉,未来容易预期,因为它只是不断地重复过去。"我是谁?生活的意义是什么?我怎样说?怎样做?怎样吃和睡?怎样做爱?怎样谋生?怎样做父母?怎样去死?所有这些问题的答案都是现成的。"年青一代需要的只是向长辈学习经验。这种文化代代相传,"它的延续既依靠老一代的期望,又依靠年轻人对

---

1. 玛格丽特·米德:《代沟》,曾胡译,北京:光明日报出版社,1998。

老一代期望的复制"。

互象征文化变化相对较快,未来不再一成不变,前方出现了岔路口,所以年轻人无法再单纯地依靠老一辈,而是要靠自己的选择。因此,他们开始在同辈人中寻找榜样,并且希望成为别人学习的榜样。这种文化中老一辈虽然仍处于支配地位,但是他们开始和年轻人一样相信:新一代的行为有别于前一代是很自然的现象。

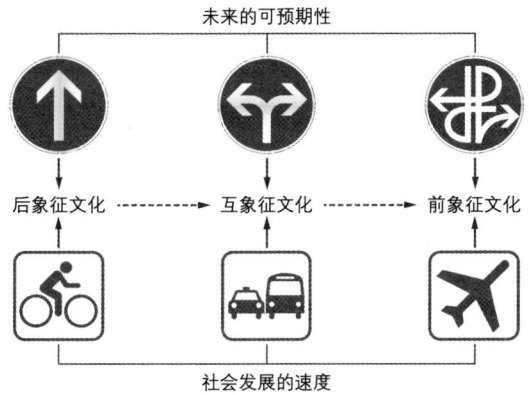

而在"前象征文化"中,社会变化的速度令人目眩,在不同人眼中未来呈现不同的样子。代与代之间出现了明显的、普遍的断裂。由于年轻人对未知的将来具有更敏锐的理解,他们具备了新的权威。年长者不得不向孩子们学习他们未曾有过的经验,"因为在这种文化中代表未来的是孩子,而不再是父母和老师"。

中国的现代史恰恰是一部文明传承模式变迁的经典教材,她用60年的时间完成了前两个阶段的转变,随着90后全面参与社会生活,前象征文化正逐步在中国展现和发挥它的影响力。

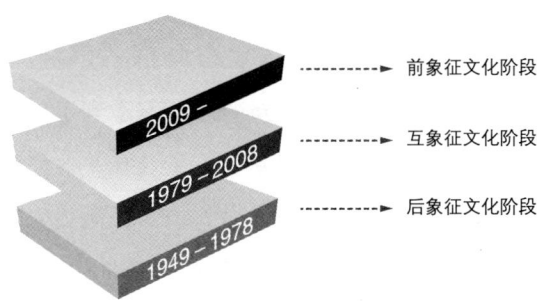

毛泽东时代具备典型的后象征文化特征,这个过程从1949年开始到1978年结束。在这30年里,社会变化的节奏与方向都处于一种高度控制之下。父母是家庭中的绝对权威,占据着核心地位。这个时代无论是就业、保障制度还是生活方式都变化不大,父辈的经验对年青一代起到重要的示范作用。在社会上，虽然青年人被视为"早晨八九点钟的太阳"，代表着"祖国的未来"，但是他们的言行依然受到主流意识形态的严格控制，对青年人的说教充满了家庭、学校、社会和组织的每一个角落。

随着"文化大革命"的结束，中国开始实行经济改革与对外开放，从而促使中国社会进入互象征文化阶段，从1979年到2008年，同样是30年。在这个过程中，经历了集体主义洗礼的年轻人，同时遭遇了西方思想对传统文化的冲击和经济转型对人性的考验。老一辈的经验和传统对他们来说不再适用，政治教化的那一套在新的形势下遭到了前所未有的质疑。摆在年轻人面前的是崭新的人生选择，他们开始从同辈先锋中找寻自己学习的榜样，而与老一辈所代表的主流社会之间在观念和意识上的分歧，甚至对立已非常明显。

而当下，在这个由互联网、知识经济和流行文化编织起来的全新世界面前，老年人的经验和思想已显得愚钝不堪，主流意识形态和传统文化的价值观教育显得苍白无力。年轻人不再费心抗议旧有的观念或体制，甚至不再试图向老一辈解释自己的理想蓝图，而是在自己的世界中自娱自乐、追求快感，这招致了成人们惊异的目光和激烈的批评。

所有的改变都在指向前象征文化阶段。我们可以发现，无论在家庭、学校、社会还是在组织当中，年青一代的力量正在不断增强。父母、老师、领导的教诲常常与年轻人的需求相去甚远。社会上的许多行业，尤其是技术和文化等领域正越来越多地被年轻人所占领。残酷的竞争、快速更新的知识、五花八门的新名词已经让老一辈无力应对，除非主动向年轻人学习，否则他们只有无奈地退居边缘。

"就在前不久，老人还能说：'你要知道，我曾经年轻过，可你却从来没有老过。'可现在，年轻人可以回敬说：'你从来没有在我的年轻时代里度过你的年轻岁月，你也不可能了！'"米德的这段关于六七十年代美国代沟的描述，同样适用于今天的中国。而现在的年轻人，中国前象征文化的代表，正是被称为"互联网一代"或"网络原著民"的90后。

"控制"与"对话"之争

文化传承模式的转变直接影响到代际关系的建立。上面所讲的三种传承模式分别对应着年长一代与年青一代之间建立关系的三种方式：控制、疏离与对话。

在以老一辈为绝对权威的后象征文化中，年轻人的生活方式都是既定的、不可改变的，这种关系类型的主要特点就是控制，而年轻人唯一要做的，就是做一个听话的"乖孩子"，按照家长和老师的教导，服从国家和组织的意愿。

而在互象征文化中，年轻人与老一辈的经验之间表现出明显的差异和冲突，父母和老师不再是年轻人行为的典范，同代人之间的相互学习成为最主要的行为模式。因此，代与代之间的断裂与疏离成为这种关系类型的主要特点。

在前象征文化中，代表着过去的老一辈彻底丧失了权威，因为他们从年轻人的领地里再也找不到可以重复过往经验的土壤。年轻人通过对过去的反叛建立起了面向未来的新的权威标准，因此两代人关系的重构只能通过对话来实现。

然而，要使这种对话开始并不容易。"只有当年轻人和老年人真正认识到有一条深深的、新的、史无前例的、世界性的代沟存在的事实，交流才能够重新建立。只有成年人认为自己需要内省，需要用自己青年时代的所作所为来理解眼前的年轻人，交流才能成为可能。"（玛格丽特·米德）

在我研究的过程中，我发现实际上要开始这一对话过程比想象的还要困难。一方面，虽然90后们迫切地希望对话，但是由于其成熟度与经验的欠缺，他们往往不了解怎样进行有效的沟通与互动。而对于成年人，他们虽然已经认识到了这条深深的代沟的存在，但是由于中国社会对90后群体已形成的普遍性的负面印象，导致成年人自然地把由代沟引发的种种不适与冲突的全部责任强加给了年轻人，而使他们自我反思和内省的过程迟迟无法开始。也正是因为存在这样的心理基础，组织内的"控制"不但没有削弱，甚至还在加强。

因此，"控制"与"对话"的矛盾引发了成年社会与90

后之间的激烈冲突，更成了这场代际"战争"爆发的根本原因。

2010年，当"第一批90后大学生"还在上大二时，他们的同龄人，那些没能进入象牙塔而提前步入社会的年轻的打工者们，已经成为中国劳动力市场的主力。也就在这一年，他们同时引发了南海本田罢工、富士康"连环跳"和珠三角"用工荒"等一系列重大劳动关系的事件，由于这三个事件最终位列当年中国十大劳动关系事件的前三名，2010年成了真正意义上的"90后元年"。

2010年5月17日，广东南海本田汽车零部件制造有限公司数百名员工因对工资和福利的现状不满而停工。由于企业处置不当，进一步造成了全面罢工，并引发本田在华四家整车企业停产，罢工的主力军正是以90后为主的实习工。

南海本田罢工的起因是年轻工人对薪酬的不满，除了感觉工资待遇较低之外，他们更不满的是薪酬体现出的不公平：公司自2008年生产进入正轨以来，产能和盈利都大幅度提升，但员工工资却未能同步增长。一名工人对记者说："3年过去了，我在公司的'发展'就是111块钱。"他清清楚楚地记得每一次加薪：第一年14元，第二年29元，第三年68元。

与工资缓慢增长形成鲜明对比的是：公司里的一批特殊工人——日本支援者，却享受着极高的工资福利。公司一个

20多岁的日本支援者曾自称每月工资有5万元人民币,这还不包括令人艳羡的补贴和福利。"日本那边经常会派支援者过来,支援者吃、住、行全包,每天还有300多美元的补助,相当于普通工人两个月的工资。"另据一位知情者透露:"日方在中国有30个左右的支援者,每年的费用有2亿元人民币。"不过,这一数字并未得到公司证实。

其实,类似南海本田的问题在珠三角地区非常普遍。改革开放30多年来,珠三角GDP的增长超过40倍,一些企业的财富增长更是几年翻一番,可工人待遇的增长却极为缓慢。在过去十余年里,大量企业都将政府规定的最低工资标准当作最高工资发放,在此基础上,再根据情况发放加班费和少量补贴,这就构成员工的全部收入。

然而,在90后登台之前,虽然这样的问题已长期存在,但是年龄更长的劳动者们通常都以容忍或离开的方式解决,他们虽然心存不满,但是没有足够的与资方直接对话的勇气,也缺乏联合起来争取更大话语权的能力。

罢工最终在厂方同意将工人的工资在现行标准基础上提高35%,约增加500元的条件下结束。这起由90后发起的罢工成为新中国历史上第一次以争取公平,分享经营业绩为诉求的规模性罢工,而在此之前,国内的停工或罢工基本上都是维权性质的。

这一事件体现了 90 后工人为了自身的权益和发展，联合起来争取与资方平等对话权的努力。虽然经历了一些波折，但资方最终还是放下了权威，削弱了控制，以对话方式换来了一个比较理想的结果。

几乎是在同一时间，富士康的"连环跳"事件也受到了社会的广泛关注。2010 年 5 月 27 日，由国家六部委组成的联合调查组进驻富士康，在此之前的 5 个月，富士康已经连续发生了 14 起员工自杀事件，造成了 11 死 3 伤的悲剧，这 14 起悲剧的主角，最大的 24 岁，最小的 17 岁，平均年龄 20.6 岁，平均入厂时间不足 6 个月。

在我看来，富士康"连环跳"的实质，是 90 后群体在以生命的牺牲对"控制"说"No"！由于工作的原因，我曾对富士康有过深入的观察。2008 年，我们和中国人民大学劳动关系研究所共同开展了一项名为"中国和谐劳动关系指标体系"的研究，项目组从富士康深圳龙华厂区一线回收问卷超过 1400 份，是当年富士康最大规模的问卷调查之一。两年以后，当"连环跳"事件愈演愈烈的时候，我又重新翻阅了调查问卷与研究数据，并开始结合我能找到的全部资料进行分析，结果令我相当震惊：两年前被认为是富士康管理精髓的模式，恰恰成了两年后90后员工选择跳楼的直接诱因！

富士康管理的精髓可以用四个字来描述："精密控制。"富士康的一名前执行顾问在描述富士康的军事化管理时说："富士康不是血汗工厂，但绝对是一个高压锅。在郭台铭的血液里，有军事管理的基因，因此员工的压力颇大。在富士康做事，绝对不会嘻嘻哈哈的。富士康的文化就是研究如何在竞争力上高人一筹，要做的三件最重要的事情就是：'产品要好''生产产品的时间要快''成本要便宜'。"正是"精密控制"使上述三个目标得以实现，帮助富士康达成了"赤字接单、黑字出货"的成本竞争力，并最终成为位列世界500强的全球代工霸主。

我们从富士康的宿舍管理中就可以窥见其"控制"的能力，在《富士康辉煌背后的"连环跳"》一书中有这样一段记录："田玉在令人窒息的流水线上工作了一个月，一直没有交到朋友。这并不是因为她没有人缘，缺乏交朋友的能力……但是到富士康以后，她发现人与人之间的关系异常冷漠。她的宿舍一共有8个人，这8个人来自不同事业群、不同事务处和不同部门。田玉提起这些舍友的时候说道：和她们都不是很熟，富士康一直都将不同事业群的人安排在一间宿舍里，有些舍友上白班，有些舍友上晚班，而且每月调班一次，每周休息时间也不一致。这种独特的宿舍安排，不仅严重地影响了工人的休息，还严重地阻碍了新的社会支援网路的建立。"

在富士康流行着这样一个段子，有人悬赏两千元寻找可以完整说出宿舍中其他7名舍友名字的人，但是整个厂区竟无人可以领到奖金。段子的真实性我们无从考证，但是在富士康内部的确有所谓的"打破五同"的相关规定。在这里，同乡、同学、同批进厂、同一事业群、同一部门的员工都不会被安排在同一宿舍中，要实现这样的精密控制，在一个动辄由几十万人组成的庞大厂区中的确不是一件易事，而此规定能得以严格执行反映出的正是富士康强大的控制力。

和南海本田的90后们一样，富士康的年轻工人也曾试图通过联合来表达自己的诉求，然而在富士康精密的控制之下，所有工人进厂之前的社会关系都被打散，造成了严重的关系碎片化。在一个相当于中等城市规模的巨大厂区内，游荡的是一个个孤独的灵魂。因此，一方面，通过集体对话争取权益改善的行动无法实现；另一方面，当一些相对脆弱的个体，遇到了短暂的、并非十分严重的、本可以通过向朋友倾诉就能解决的心理问题时，由于缺乏足够的关系连接，促使他们毅然决然地走上了通向楼顶的台阶。

正所谓"成也萧何，败也萧何"。"连环跳"事件之所以发生在富士康，正是因为它拥有最先进的管控体系。这听起来似乎不合逻辑，但这恰恰是3年来我对富士康持续研究的结论：控制本身没有错，但是它忽略了用工的主体已从80后转变为90后，由于老的模式无法满足90后的基本需求，反而导致了管理的失控。相同的管理模式，引发了截然不同的管理结果，问题不在模式本身，而在于管理者没能针对目标群体做出适时的调整。

如果说南海本田罢工体现的是年青一代平等对话的渴望，富士康"连环跳"体现的是老一代对于控制的不舍，那么珠三角历史上最大规模的用工荒就是这两者共同作用的结果。

2010年春节以后，珠三角遭遇历史上最严重的用工荒，广东省用工缺口达200万人。被称为"世界工厂"的东莞一地，就缺工超过百万。请注意我们这里说的是"用工荒"而非"民工荒"，虽然也有季节性和结构性等宏观因素对劳动力供给造成的影响，但更主要的原因是90后农民工们对珠三角企业长期实施的低福利政策和身份歧视抱有的集体抵触，他们更多地选择了去长三角或是留在家门口打工。与他们的父辈相比，他们似乎更注重心理感受，所谓的"用工荒"正是90后农民工们用脚做出的集体选择。

3年过去了，这些事件已从公众的视野中逐渐淡去。领导们的承诺和专家们的处方似乎并未起到作用。用工荒一年比一年严重，富士康的跳楼事件也从未随着报道的停止而停止，南海本田的劳资谈判还在继续，同时更多的年轻人加入了争取公平权益的队伍当中。不要再用"血汗工厂"和"脆弱的90后"这些标签来简单化我们所面临的问题，这是一场代际之间的"战争"。这场战争不仅代表着不同代际之间在公共权力、社会资源占有和使用上的冲突，同时也体现着支撑这些利益背后的意识形态、价值观和文化偏好上的差异与分歧。

因此，终结"战争"、促进代际和谐的关键，是从制度和文化上赋予青年人应有的话语空间和自主权力，加强双方之间的对话，将彼此之间的较量关系转化为合作关系。而这尤其需要主流社会的成人们放下权威者的架子，将年轻人从"异类"的偏见中解放出来，而将其视为值得自己学习与合作的先行者。

冰山之下的代际差异

最近几年,几乎所有的主流媒体都在连篇累牍地报道90后,从五花八"门"的事件到各式各样奇异的行为特征。我不想评价媒体在建立全民性的90后偏见中发挥了多大的作用,我只是想提醒大家,请不要再在这些表面现象的讨论中浪费宝贵的时间了。

代与代之间的差异,不是随机发生的,它有着鲜明的时代特征。同时,代际差异也是全方位的、多层次的。我们看到的一切由语言、行为表现出的特征都是表面化的,如果我们不能了解其背后隐含的动机,我们将永远也无法真正地理解这一代人。

全面的代沟表现为四个层面的差异,分别是需求层面、价值观层面、心理层面和行为层面。它们前后关联,有着清晰的次序和内在的逻辑。

首先，我们每个人都会从外部世界接收刺激，刺激的累积会引发我们内心的需求，需求的不断强化将决定我们的需求层次。

刺激和需求都是中性的，本身不具备价值判断，而人的价值判断依赖于价值观体系，它把刺激和需求作为原始材料，进行分辨、命名、归类，并且做出正面或负面的评价。

接下来的步骤是感受，一旦接收到的信息被赋予价值判断，感受就会随之升起。如果感受是愉悦的，人就会期待这种体验能够延长或强化；如果感受是不愉悦的，我们就一心想把它消除、终止。结果，不同的心理感受就会引发不同的行为，长期沉浸在相同或相似的心理感受中，就会造成人们相对固定的行为模式。

显然，决定一代人从根本上不同于另一代人的是需求和价值观的差别，心理和行为体现的只是前两个层面综合作用的结果。而无论是需求层面还是价值观层面都具有鲜明的时代属性，正如玛格丽特·米德所说："重大事件造就一代人！"

下面就让我们跳出行为与心理特征的牵绊，同时结合前面讲到的文化传承理论，深入分析一下90后究竟如何与众不同。

60后 VS 90后

60后是最早开始与90后接触的人,因为他们是90后的父母;他们也是与90后接触最多的人,因为他们曾经是90后的老师,而今天又成为了90后的领导。但是,他们依然无法被称为最了解90后的人,只要你稍加观察,就可以发现60后与90后之间存在着最普遍、最严重的代际冲突。

对两代人的比较还是要提到富士康,我从当年富士康人力资源最高领导的回忆中找到了一则关于60后的故事:"那是1988年,第一批打工妹来到富士康,她们特别勤奋,特别能吃苦……那个时候,她们每个月的工资是120元,管食宿。很多女工省吃俭用,一个月只花5元,其余的钱全部寄回家。"

同样是在深圳,2010年我访谈时,一名90后女工说:"我现在每月的工资差不多1500元,最大的固定支出是800元房租。"当被问到为什么不住在公司提供的宿舍时,她说:"人多,太吵,不能上网。"她的其他支出包括服装及化妆品500~800元、话费、上网费及吃饭若干。我问:"那你不是还养活不了自己，不够的钱从哪来？"她回答说："跟父母要。"我有点儿惊讶："你出来打工不是想让父母生活得更好吗？"她没有丝毫迟疑地回答："就我一个女儿，他们的钱不给我给谁？"

对于钱的态度，深刻反映着两代人的差异。当年的打工仔、打工妹们，虽然他们文化水平不高，却有着坚定的信念，坚持用双手一点点地改变自己的命运。而他们的子女90后一代，虽然同样是出门打工，却已没有了那种使命感。他们也希望改变，不过更多地是为了自己，因此，他们不愿意再用同样的方式去复制父辈们的生活轨迹。

其实作为父母的60后们，他们也不希望自己的孩子像自己一样活得那么辛苦，除了努力为他们创造更好的生活条件外，在对子女的教育上也表现得格外宽容，特别是在个性成长方面。60后经历过传统文化的断裂，而他们的子女更多受到流行文化和西方观念的浸染。90后生活在经济大发展、社会大转型的环境中，对政治没有多大兴趣，他们的诉求比上几代人来得都更现实。

60后与90后的差别主要体现在需求层次上。简单地说人类的需求有三个层次：首先，因为人是动物，人具备本能性的需求；其次，人是社会性动物，人具备社会性的需求；最后，人还是有理想、有追求的社会性动物，人有自我实现的需求。

60后是完整接受红色教育的最后一代人，他们从小受到的意识形态教育在不断刺激并激发他们作为一颗"螺丝钉"的社会性需求，同时也要求他们不断压抑两端的本能性和自我实现需求。作为一块"革命的砖"，服从国家和组织的安排就是他们被赋予的人生意义。

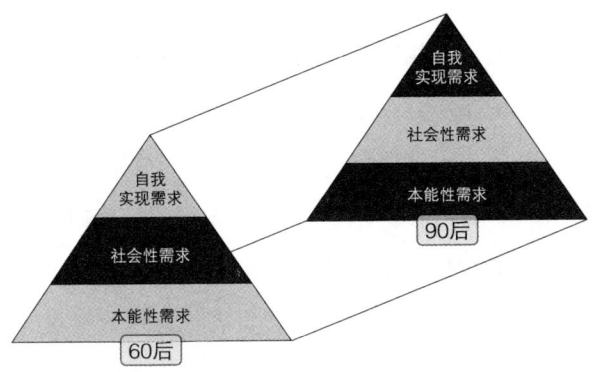

90后是完整接受信息教育的第一代人，在虚拟的互联网规则的不断刺激下，他们的本能性需求和自我实现需求都异常旺盛，唯独中间的社会性需求不突出。90后作为60后的下一代，他们并非父母的翻版，而是他们的"负片"。

在需求层次上的完全错位造成了60后与90后两代人之

间不可调和的矛盾，父母和老师经常觉得这些孩子一无是处，而一旦他们提起"我们当年……"，马上就会招致90后毫不掩饰的反感和抵触。

90后社会性需求的缺失是我们理解这个群体的一把钥匙，而这样的结果并非是由于90后本身缺乏社交的意愿，而是在他们的成长过程中社会性刺激不足的结果。在家里，父母普遍给予他们的是一种无条件的爱，他们只是爱与照顾的接受者，而无须通过持续的回报来稳固这种关系。在学校里，由于中国教育的市场化，老师的权威逐步丧失，取而代之的是一种消费关系，学生把自己看作消费者："我交钱，你服务，天经地义。"因此，在90后的成长过程中，他们都难以建立起一种清晰的角色意识，他们更看重自己在他人眼中的重要性，而鲜有意识要通过自己的努力来获得这种尊重。他们认为被尊重是理所应当的，这与他们的父辈时刻扮演"乖孩子"的人生有着极大的不同。

所以，从某种意义上我们可以这样理解，60后和90后加在一起才是一个完整的人，他们都属于他们的时代，他们都有对方身上渴望而未被时代所赋予的东西，他们也都有自我珍视而无法被其他代际理解的特质。而这些，正是每一代人独特的故事。

80 后 VS 90 后

对于所有 70 后及以前出生的人,他们总是自然地认为 80 后和 90 后是一类人,因为看起来他们都非常自我。但是,如果你以这样简单的判断,不加引导地让 80 后去管理 90 后,很可能会造成非常可怕的后果,因为他们之间既不相同,也不认同。

80 后与 90 后的区别表面上看起来没有 60 后与 90 后那么明显,但是当 90 后步入社会,开始逐步寻求话语权的时候,我们看到的是 80 后与 90 后之间不断爆发的论战甚至是相互攻击。他们都对对方抱有敌意,极力地划清界线,这在之前的任何两个代际之间是从未发生过的。

如果你仔细观察,就会发现 80 后与 90 后自我的"味道"

是不同的，80后沉浸在自己的世界里，却用别人的标准来衡量自己的成功；而90后完全活在自主建立的标准中，即使是那样的不真实，他们也完全不在乎。

所以，根本的区别在于，80后是互象征文化的最后一代，而90后是前象征文化的第一代。当80后们还在努力证明自己不是"垮掉的一代"的时候，90后们已经跳出控制，开始建立属于自己的权威了。因此，80后与90后代际差异的核心，并非体现在需求层次上，而在于他们有着完全不同的价值观体系。

价值观是我们评价外部世界时用到的一种稳定的、持久的信念，涉及对人、事、物三个层面的评价，而所有这些信念和标准的总和就是价值观体系。根据评价的领域不同，价值观体系又可以细分为很多部分，在这里，我们重点讨论的是80后与90后在组织价值观领域的差别。

价值观反映的是"我"与外部世界的实力对比，对"我"的认知直接决定了在这些互动中我们会如何选择。在60后、70后和80后共同组成的互象征文化阵营中，虽然80后已经表现出前所未有的自我特征，但是，他们依然无法摆脱社会传统价值观的约束。80后自我表现的目的，依然是希望获得主流社会的认同，他们渴望获得别人眼中普遍认可的成功。

对他们来说，这种成功无法依靠自己的父母，那些一生辛劳的50后们并未积累起多少财富，而不断加剧的消费文化正在把更多的奢侈品变成必需品，空前的生活压力迫使他们将物质作为追求的首要目标，但是他们的内心，一旦条件允许，他们还是愿意尽力去迎合社会的普遍价值。

而90后一出生就充满自信，他们的自信来自他们那些"先富起来"的60后父母们。城市出生的90后，基本不用为车、房发愁；即使是在农村出生的90后，大多数也未挨过饥饿之苦。因此，他们的成功标准很自然地跳离了传统目标，在他们看来，那一切太过"世俗"。虽然绝大多数90后并不了解他们作为前象征文化代表的历史使命，但是这种几乎是与生俱来的自信促使他们相信：他们唯一要做的，就是自己喜欢做的！90后活在自我认可的价值观体系中，他们并不在乎社会和长辈如何看待他们。

80后要求的是"利益"，90后要求的是"权利"，因此，他们在组织中遵循的价值观有三个根本差异：

1. 80后可以被价值驱动，而90后只能被兴趣驱动；

2. 如果利益满足，80后可以忍受与权力核心保持距离，而90后要求平等地分享权力，通过个人联络来影响决策、解决争端；

3. 如果利益清晰，80后可以忍受组织规则与目标的不明确，而90后无法接受一切模糊带来的不确定性。

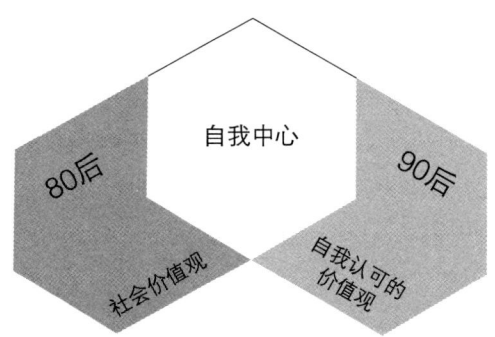

这就是为什么我们感觉90后更"可怕"的原因，因为在管理者们习惯的管控体系中，只要对分配方式适度调整，就可以满足80后的基本价值需求，而90后却以新的"权威"形象出现，他们要的是通过分享管理者们的"权力"，来获得他们所争取的"权利"。

还有非常重要的一点，由于价值观是具有社会称许性的，人们会通过声称相信一些他人希望信仰的价值观来创造一种积极的形象。而这种价值观与我们实际上所依靠的，用以引导决策和行动的价值观之间通常都存在一定的差距，这就是信仰价值观与执行价值观的区别，而这种差距同样反映的是

"我"与外部力量的实力对比。当我们认为"我"无法与外部世界的标准相抗衡时,通常表现出的就是信仰价值观与执行价值观的脱节,也就是所谓的"说一套,做一套",而对于90后来说,"敢想敢说,言行一致"正是他们信仰价值观与执行价值观趋于一致的表现。

轻管理秘笈

秘笈1:导致代际"战争"的两大原因

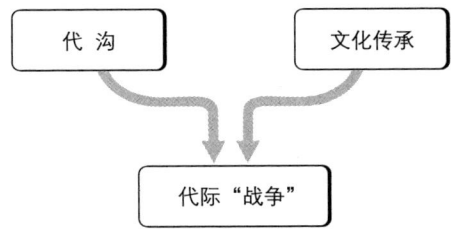

秘笈2:"代沟"表现的四个层次

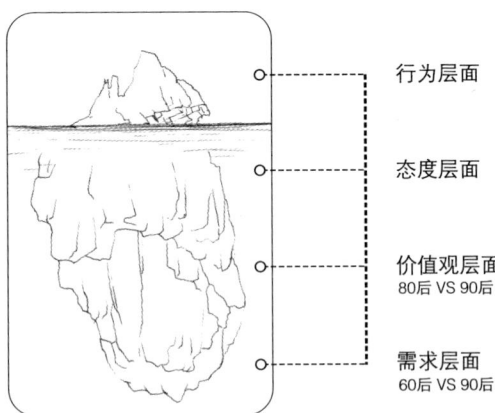

秘笈 3：三种文化传承模式的特点

	使命	学习方式	关系
后象征	复制	向长辈学习	控制
互象征	选择	同代间相互学习	疏离
前象征	创造	向晚辈学习	对话

秘笈 4：代际"战争"的核心

控制 VS 对话

"别担心,只要有足够的耐心,再难管的员工都会被我熬到离职、退休!"

轻管理模式：
止息代际"战争"的秘笈

轻管理入学测验

管理是一门功夫,在开始练功之前,先让我看看你的感觉。现在有这样一个场景,如果你是其中的管理者,请告诉我你会如何处理。

一周前,你要求一名入职不久的 90 后员工小 M 准备一份报告,你担心他的经验不足,因此,特意花了一个小时耐心地把报告撰写的方法、步骤和注意事项从头到尾地给他讲了一遍,并且要求他这周提交。

今天是周一,你刚到办公室不久,还在整理自己的桌子。突然,办公室的门被推开了,你吓了一跳。回过头看到小 M 兴奋地冲进来,自说自话地举着一沓纸坐到了沙发上:"老大,这是你要的报告!"

你心里有点儿不高兴,但还是勉强在对面的沙发上坐了下来，接过他的报告看起来。"这是我花了一个星期做的，周六日也没闲着。"小 M 说着，你已看完了结论部分，还算不错，不过再往前看你的气开始不打一处来了，因为他完全没有按照你讲解的方法和步骤写……

这是一个真实的故事，发生在我的一个客户身上，他当时的反应就是把报告撕得粉碎扔在地上，然后开始修理这个孩子："我上周怎么跟你布置的，我那么忙，但是怕你不懂还是花了那么多时间给你讲，你在干吗？你当我说话是放屁啊？……我不管你的结论是对还是错，只要不按照我说的做，这个东西就是垃圾，一文不值！"

小 M 一直争辩着，最后含着眼泪摔门而去。这时领导突然想起来前面还有事情让他不爽，他冲着已关上的门大喊："对了，你没敲门我还没和你算账！"

不久以后，小 M 离开了公司，公司里很多人都觉得可惜，因为他毕业于名校，人聪明又热情，与大家相处得也很好……

这样的事情最近两年不断地在组织中重复发生着，我见过不少有类似经历的管理者。你可能想象不到，通常他们都会感觉很"委屈"，感到自己受到了伤害，虽然他们是那个发号施令的人。

轻管理模式：一招三式

他们错了吗？为什么在 90 后面前他们开始找不到感觉？

下面让我们试着换一种方式来处理：当看到小 M 没有按照你布置的框架写，加上他前面的一系列不羁行为，你真的很想发作。只是这时候你告诉自己，要控制情绪。你站起身，去给小 M 倒了一杯水，顺便让自己冷静了一下。重新坐回沙发上："我看你没按我说的写，说说你的思路。"小 M 没有觉察到你的不快，依然一脸的兴奋："我本来是按您的框架写的，不过周五我发现，因为影响因素太多了，如果用纯演绎的方法写，客户看到后面就会把前面的内容都忘了。所以，我问了我在咨询公司的同学，然后用他们的模版把报告重写了一遍，一直写到今天早晨才做完。"

你点了点头，开始庆幸自己刚才忍住脾气没发作："做得不错，说实话，我没想到你刚来不久就可以做出这样的报告。"小 M 受到表扬，很是得意："领导，放心吧，只要我想做，没什么是做不好的！"说着他已起身，准备离开。

你做了个手势把他留下："等等，我还有几句话要对你说。小 M，你来公司这段时间表现得很有冲劲，大家也都很欣赏你，但是如果你想取得更大的成绩，还有一些地方需要努力。首先，作为一名员工你有你必须遵守的规矩，比如，进门的时候要敲门，没得到允许不能自己坐下；另外，工作以外你怎么叫我都没有关系，但是工作时间里你必须称呼我为经理；还有，下回再要改变我交代的工作时希望你能事先和我沟通一下，而不是像今天一样先斩后奏；最后，我希望你了解，要想把现在的工作做好，你需要长时间艰苦地努力，如果两年内你能把这些业务都上手，我会为你感到骄傲的！"

小 M 认真地听着你说的每一句话，一直跟着你的节奏微微点着头。最后，他握紧拳头在胸前一振："经理，请放心，我会努力的！"

我能写得如此详细，因为这几乎就是十几年前我初入职场时的亲身经历，我到今天都很感谢我的领导，我深刻体会过这每一个字、每一句话对一个年轻人的激励。与其说他应用了一种方法，不如说他找到了一种感觉，在刚柔相济之间，我接受了他希望表达的所有信息。

这就是我所说的"轻管理"，一种通过软化冲突、淡化权威、强化边界等一系列步骤止息代际"战争"的管理方法。

这样的管理方法并非我的创造，很多优秀的管理者每天都在熟练地使用，和他们在一起工作，员工们会感到充满干劲，他们从不用担心自己会多做多错，也不会担心工作创新会给自己带来不必要的麻烦。他们唯一担心的是自己还不够努力，无法达到领导的期望。

但是，在这里我把这个方法清晰地提炼出来，具有重要的意义。因为，当90后步入职场，加入组织，只有"轻管理"可以让我们与他们和平相处，共同成长。今天，等待管理者通过自我提升来适应组织变化的机会已经逝去，因为90后已开始全面"倒逼"管理升级。

轻管理第一式：软化冲突

轻管理的第一式是软化冲突，其核心是承认代沟的存在，并使两代人之间的对话能够真正开始。在刚才的案例中，冲突的软化有两个关键。第一，情绪的控制，由于管理者无可争议地处于优势地位，因此，你们会经常不自觉地通过情绪的表达来展示自己的权威。面对 70 后或 80 后，这种表达通常会满足你的控制欲，而如果对面坐的是一个 90 后，那么恐怕就要"杀敌五十，自损一百"了。

为了避免"自取其辱"，我们需要理解什么是"有效沟通"，我们用于沟通的语言同时携带着两种信息：一是你要传达的内容，二是你所表达的情绪。当我们带着情绪沟通时，对方马上就会感受到我们的情绪，而极易忽略我们想要表达的内容。所以学会不带情绪、中立客观的沟通是软化冲突的起点。

第二，不要忽略员工的要求，要么同意，要么拒绝，要么告诉他们你需要多长时间思考再给他答复，就是千万不要不了了之。90后就像一碗米饭——日本人曾经用来做试验的那种米饭：一碗每天得到夸奖，一碗每天受到责骂，还有一碗被置之不理，最后最先坏掉的恰恰是被冷落的那一碗。其实无论哪一代人都不希望被置之不理，只是大家的容忍度不同，90后在这方面几乎是零容忍度，无论你是否接受，这就是代际差异。

软化冲突在更宏观的层面上表现为以退为进，曲线救国。90后个性鲜明，喜欢争论，管理者有权力在身，也不甘示弱。这样，面对冲突双方就很容易陷入谁对谁错的是非争辩之中，而忽略了解决问题这个根本目的。面对90后，管理者们应该建立起一种崭新的意识，因为两代人之间无论是需求还是价值观都存在非常明显的差异，因此我们要追求结果的一致，而避免对方法和过程的争论。你需要了解，很多时候他们让你感觉不舒服，并不一定代表他们错了，只能说明他们和你不同。要最终止息代际之间的战争，就必须要做到求同存异，和而不同，而一旦你感觉马上要起冲突，首先应该考虑的不是如何让自己舒服，而是如何软化冲突。

轻管理第二式：淡化权威

轻管理的第二式是淡化权威，其前提是，你认同我们的社会正处于前象征文化阶段，社会权威已不再是我们，而是坐在你对面的 90 后，虽然我们理解让你接受它真的不是一件很容易的事，但是请你明白，在残酷的现实面前，我们的面子已经变得一文不值。

如果能认同权威的转移，就应该着手安排权威的交替。我们首先要做的，就是淡化权威，直至最终放弃权威。权威的体现包括很多层面，行为、语言和意识。行为可以控制，语言可以伪装，但是意识是不是真的可以改变？以刚才的案例来说，报告撰写的方法和结构就属于一种权威，这是管理者多年积累起来的经验，虽然很值得珍视，但却并非成功的唯一路径。

其实想一想，在很多方面 90 后已经掌握了绝对的权威，关于微博、微信，你一定求助过他们；很多我们费力寻找的资料和数据，90后们用手机就能帮你找出来。还有关于流行趋势与热词，一切我们认为自己已经"OUT"的领域都已经被90后所控制，要想在这些领域取得成就，除了淡化权威，我们还有更好的选择吗？

另外，为了不被后浪拍在沙滩上，我们也需要开始主动地迎合他们的需求，比如了解和顺应90后的沟通方式，不然未来你甚至都可能找不到足够数量的员工。在下一章你会看到，这不是我在危言耸听，这就是正在发生的现实。

轻管理第三式：强化边界

持续的退让一定会让作为管理者的你自信心备受打击，你可能想撂挑子了："既然这样，就都交给90后干吧！"且慢，虽然90后客观上已经成为了新的权威，但是他们还没有强大到可以控制局面的程度。由于家庭与学校教育的缺失，加之实践经验的不足，年轻的90后们还难以成为一个合格的职业人，他们甚至连最基本的角色意识都不具备。因此，作为长辈，我们还是有义务辅导他们多走一程，在轻管理模式中，这一式叫作"强化边界"。

强化边界的根本是帮助90后建立正确的角色意识。人的最终行为受到三个因素的共同影响：基本性格、社会性格和角色意识。基本性格与生俱来，与遗传和教育无关；社会性格是教育与经历的积累，心理—行为的重复使很多的价值判断过程在大脑中拥有了固定的信息回路，得以进入我们的潜意识层面，因而具备了性格的特征；还有一个就是角色意识，当我们清晰地意识到我们在扮演某个角色的时候，这个角色需要遵循的基本规则就会浮现出来，指导我们的行为。

在现实世界中，这三个因素会以相反的顺序来影响我们的行为。首先，是角色意识，它属于理性范畴，当我们的角色感非常清晰的时候，我们的语言和行为都会受到有效的约束。如果角色意识缺位，它的空当就会被社会性格所填补，我们的行为将受到与我们社会性格相匹配的价值观体系的支配。如果外界的刺激太过突然，我们的身体来不及用后天形成的社会性格进行反应，这时基本性格就会开始工作，因此，通常我们面对激烈的冲突时，所表现出的性格都是我们的基本性格。

基本性格是不受代际影响的，在每一代人当中，各种基本性格的人都有，而且比例也很平均。社会性格有着鲜明的时代特征，同时也受到诸如区域、群体等诸多因素的影响，90后们身上就表现出很多相似的社会性格特征，同时这种特征又与其他代际具有明显的差异。角色意识来自我们的主观理性，当我们有强烈的社会性需求时，自然会表现出一种鲜明的角色意识。

所以，逻辑已经非常清晰：由于90后普遍的社会性需求的不足，导致他们自然地缺乏角色意识，当角色意识缺位时，社会性格开始补缺。而 90 后在这个充满不确定性的时代中建立起的社会性格具有明显的不完整性与偏差，在这样的价值观体系下产生的行为必然与社会的期望存在差距。因此，通过组织的努力，帮助他们补齐角色意识的短板，就成为"强化边界"的核心，更是整个轻管理模式的支点。

轻管理的"图像化"

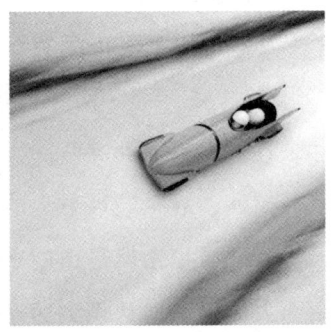

为了方便诸位更好地理解和记忆,我再用"对比"与"图像化"的方法帮助大家将轻管理模式重新梳理一遍。

我们可以同时想象一下 F1 方程式赛车和高山速降雪橇,

虽然同为竞速运动，但它们遵循的运动规律却完全不同。这种差别体现的正是传统管理模式与轻管理模式之间的区别。

首先，赛车有方向盘，而雪橇没有。因此，赛车手扮演了"权威"的角色，车手通过对方向盘和挡位对赛车实施完全的控制，车手出色地驾驭可以将赛车的性能发挥到极致，但哪怕是极细微的心理波动都会影响到比赛成绩，甚至造成车毁人亡的惨剧。而在雪橇比赛中，运动员无法实现对雪橇的完全控制，他们只能通过重心的调整和对前方赛道的判断来影响雪橇的运动轨迹。在这里，运动员不再是绝对的"权威"，只有当他们以高度的专注力与雪橇融为一体时才能取得最佳的成绩。

其次，由于赛车受控于车手，人们正常的逻辑是：只要不出意外，车手是不会主动撞向边界的。因此，在赛车运动中，并未设置完整的冲突缓冲机制，但是由于竞速运动的高风险性，意外事故是难以避免的，而一旦发生，不是造成车辆、人员的严重损伤就是造成观众的批量伤亡。在雪橇运动中，由于人们清晰地认识到运动器材不可控带来的风险，因此在缓冲机制的设计上颇下功夫，雪橇的四角都设有防撞装置，以软化雪橇与赛道之间的刚性碰撞。

最后，由于对碰撞与冲突的定位不同，两种运动建立边界的方法也完全不同，由于没有完整的缓冲机制，F1赛道的边界不得不承担起缓冲的作用，所以它的边界是软化处理的，需要设置宽广的草坪或砾石，其作用是当赛车冲出赛道后快速吸收其多余的能量。而雪橇运动边界设置的出发点是不让雪橇冲出赛道，因此，这需要通过加高、加固等"强化边界"的手段来实现。

因此，由 F1 赛车所代表的传统管理模式的逻辑是："强化权威、忽视冲突、软化边界。"这是一个典型的控制型系统，我们并不否认它曾经统治着绝大部分的组织，但是，当 90 后逐渐成为组织中的多数时，你会看到一切都将改变。

由这一招三式构成的轻管理模式将贯穿之后的每一章节，你可以把它看成一种方法论，而我更喜欢把它看成一种感觉，当你能把这种感觉深植于心时,你会发现管理90后不再是一件困难的事,并会从中找到越来越多的乐趣。

而使这一切开始的起点就是我们应该抱有的信念:接纳不同,重塑关系!

轻管理秘笈

入学测试答案

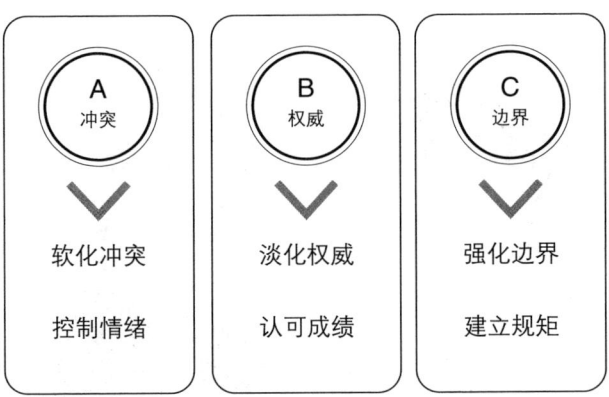

轻管理的图像化

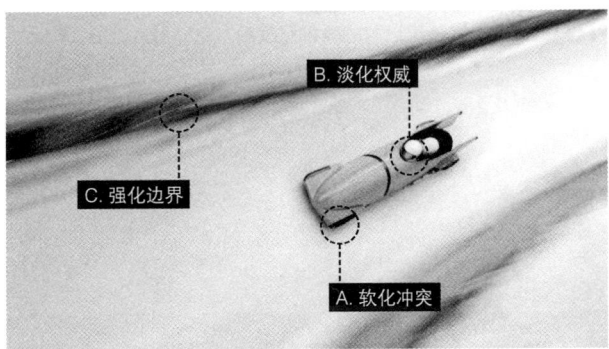

"面试的时候你说你在大学主修的是 DOTA,这是最新的编程语言吗?"

(注:DOTA 是魔兽世界的联机对战版,90 后首选游戏之一)

寻找小 Y:

如何选拔 90 后员工

2012 年，第一批 90 后大学生毕业，他们的数量达到了惊人的 680 万，这个数字相当于北京总人口的 1/3，超过以色列全国人口的总和。2013 年，这个数字达到 699 万的新高，因此，很多人开始担心，如何为这么多 90 后提供足够多的工作岗位？而我担心的恰恰相反，我认为 3 年以后，很多企业都将面临无人可用的局面。

量与质：即将发生逆转的人才供给

现在每年的毕业季，全国人民都在为毕业生的就业发愁。企业代表在学校里受到热捧，校园宣讲会场场爆棚。高校毕业生一年多过一年，这是由两个方面的因素决定的：一是基数，人口出生率的持续增长，提供了更多的教育适龄人口。二是比例，随着教育产业化的不断推进，高考报考比例和录取比例均大幅提升：1998 年，每 100 名适龄青年中只有 17 人参加高考，仅 6 人被录取；到了 2012 年，每 100 名适龄青年中已有 56 人参加高考，录取人数更是高达 42 人。从 1998 年到 2012 年，高校录取人数以平均每年 30% 的速度递增，14 年间从 108 万人扩大到 685 万人，净增了 5.3 倍。

然而，如果我们再仔细分析一下最近 30 年来的人口统计数据就不难发现，高校毕业生供给的拐点即将出现，未来无论是人才还是劳动力的供给都将像坐过山车一样迅速下降。

自 20 世纪 80 年代初中国人口出生率开始持续增长，1990 年新出生的婴儿达到了 2621 万，这是近 30 年来出生率最高的一年，然而接下来出生率开始直线下降，到 1999 年，累计下降达 57%，那一年新生婴儿数仅为 1150 万。与总数超过 2.2 亿的 80 后相比，仅有 1.7 亿的 90 后群体显得单薄得多。

同时，性别比例的失衡急速加剧。1980 年新生婴儿的男女比例为 103:100，1990 年这一比例扩大为 111:100，到 1999 年更是达到了创纪录的 123:100。整个 90 后群体中，女性比男性少了 1300 万人。

从以上列举的数据当中，我们可以推导出一些基本结论。

1. 由于出生率的下降，以 90 后为主体的劳动力和人才供给总量将出现持续、快速且大幅度的下降。
2. 由于更多的 90 后进入大学，劳动力供给的下降速度将远远快于供给总量的下降速度。
3. 由于男女比例的严重失衡，女性劳动力的短缺将成为劳动力市场最突出的问题。
4. 受到基数下降、比例探顶的双重影响，现在看来还在持续增长的高校毕业生数量在未来几年内会迎来拐点，转而进入快速下降区间。

因此，在 90 后人才选拔中面临的第一个冲突就是：供给的下降将导致市场供需在短时间内出现逆转。已经适应了在过量供给环境中精挑细选的组织和管理者，对即将到来的供给短缺缺乏基本的心理准备。

90后人才选拔的第二个冲突是：90后群体的两极化特征，将进一步减少合格人才的供给。

哈佛大学沙哈尔教授的幸福模型最适合分析90后的两极

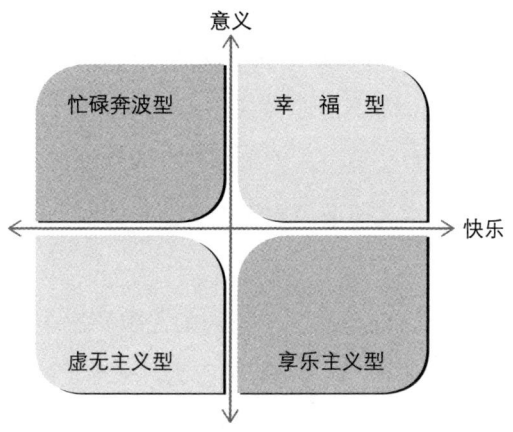

化趋势。在这个模型中，沙哈尔将幸福分解为两个维度：快乐与意义，所谓的幸福就是眼前的快乐与长久的意义之间的平衡。根据对这两个维度的不同满足程度，模型进一步将人归纳为四种类型：既不追求快乐，也不追求意义的"虚无主义型"；追求意义多过快乐的"忙碌奔波型"；追求快乐多过意义的"享乐主义型"和追求快乐与意义平衡发展的"幸福型"。

客观地说，60后、70后整体上属于"忙碌奔波型"，他们的人生为意义而活。对他们来说，成功是最重要的，为了未来可以牺牲当下的快乐。而80后们更懂得享受生活，他们大多追求"快乐至上"，而沉重的经济压力又让他们习惯回避思考生活的意义。因此，80后及时行乐却又逃避痛苦，整体上他们更接近"享乐主义型"。

到了90后，问题开始变得复杂。我们发现这一代人呈现出鲜明的两极化特征，几乎没有中间人群，要么是"幸福型"，要么是"虚无主义型"。"幸福型"的90后，即使是玩，也可以玩得很有意义；而"虚无主义型"的90后，即使是笑，也笑得很无力。

90后两极化的趋势源于不同的需求层次，需求层次理论遵循三条基本规律：1.需求影响行为，未满足的需求是行为产生的动力；2.需求有序，只有低层次的需求得到满足才会引发更高层次的需求；3.需求递进，当低层次的需求得到满足后必然会引发更高层次的需求。

在第一章中我们分析过，对90后来讲，除了处于中间的社会性需求不强，两端的本能性需求和自我实现需求都非常强烈，这就造成了一部分的90后集中在本能性需求层面，而剩余的本能性需求已得到满足的90后,则会跨越社会性需求,直接进入自我实现需求的层面。

为了方便大家的记忆,我给这两类90后分别起了个名字:集中于本能性需求的称为"小X",集中于自我实现需求的称为"小Y"。下面,让我们来看看"小X"和"小Y"在态度和行为上有什么差异。

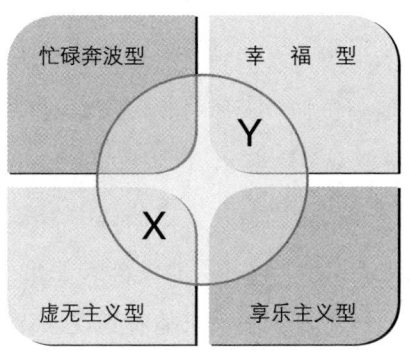

首先,在基本特征上,小X们表现为"既不享受现在,也不期望未来",而小Y们"乐于接纳并享受现在,并努力创造更好的未来";在需求特征上,小X们"渴望快乐,但并不快乐",而小Y们"追寻意义,且不牺牲快乐"。

其次,在心理特征上,小X们普遍"比较敏感、封闭、环境适应力较低",而小Y们更加"自信、乐观";在行为特征上，小 X 们更容易表现出"消极、叛逆、破坏规则、恶搞"的负面行为，而小 Y 们则更加"积极主动，且遵守自我认可的规则"。

最后，就是他们采用的沟通方式完全不同，小 X 们"冷漠、不屑、对抗，甚至拒绝沟通"；而小 Y 们"直接、表达欲望强、敢想敢说、不惧怕权威"。

用两个词总结 90 后的特征，就是"无所谓 + 无所畏"。小 X 们更多地表现为"无所谓"，就像富士康连环跳中的年轻人；而小 Y 们则更加"无所畏"，正如南海本田罢工中的实习工。媒体更愿意关注小 X，因为这更能满足"全民娱乐"的需求，但是久而久之也就在大家的心中形成了一种片面印象，现在我们能认识到，这并不能代表 90 后的全部。

通过以上分析，我希望大家能看到现象背后所隐含的危机，未来的困难要比你想象的更加严峻。人才的选拔会越来越困难，优秀的 90 后员工将显得格外珍贵。因此，在当下人才供给还算充裕的时候，组织应该尽可能地提早进行人才储备。同时，人才供给逆转的趋势，将会对管理者与被管理者之间的关系产生深刻的影响，轻管理的理念正是建立在这样一个基础之上，未雨绸缪，帮助你提前实现管理的转变。

轻管理策略：迎合习惯，兴趣优先

经过分析，我想在90后的招聘和选拔中我们的目标已经非常明确，那就是"找到小Y"！

要实现这个目标，需要两方面的努力：一是吸引和找到足够多的候选人，以便我们有足够大的空间来寻找小Y；二是我们自身要具备慧眼识珠、把小Y从茫茫人海中挑选出来的能力。要做到这两点并非易事，需要管理者结合90后的特点进行多方面的"自我革命"。

首先，吸引90后变得越来越难，传统招聘方式的效果已大不如前。无论是现场招聘还是网络招聘，参与者的数量均已大幅缩水，简历质量下降严重。根据一些专业机构的统计，上述两个渠道收集的有效简历不足5%，而过滤掉剩余95%的无效简历就成了管理者不得不做的"鸡肋"工作。校园招聘则是"应者众，从者稀"，参加宣讲会的人数不断增加，而进入后续程序的人却在持续减少。

管理者们对现场招聘、网络招聘和校园招聘的使用已经异常熟练，熟练到了大家对参与群体和使用习惯的改变视而不见的地步。比如一家大型国企的2013年校园招聘，宣讲会场场爆满，而最终签约却未能完成目标，一部分原因就是中间的选拔流程已经无法适应90后的使用习惯。出于真实性的考虑，这家公司在素质测评中还坚持使用纸笔测试，像高考一样把所有候选人集中到一个教室并查验身份信息，而很多90后正是因为这样的安排而选择放弃，这其中体现出来的不信任、不科学和不方便是他们难以接受的。

因此，要想吸引和找到足够多的候选人，在渠道、方法和流程上必须要主动迎合90后们的使用习惯。我们看到，社交网络招聘正在被越来越多地广泛应用，相声、"快闪"和情景剧已经出现在近两年的校园招聘中。我相信这样的创新会越来越普遍，这也对管理者们的创意功夫提出了更大的挑战。

90后选拔对管理者识人的能力也提出了全新的考验。专业的招聘人员大多受到过行为面试方面的训练，并练就了一双"火眼金睛"，候选人的欺骗行为难逃他们的法眼。而面对 90 后，这种能力很难再有用武之地，因为他们大多不屑为了一份工作而编造和伪装自己的经历。

　　选拔的重点要转向考察 90 后的成熟度和角色意识。在前面我们阐述过，由于父母们普遍给予 90 后的是无条件的爱，教育的市场化又造就了师生之间的消费关系，因而 90 后这一代错过了认识和建立规矩的最佳时机，在这样的"野蛮生长"中，成熟度和角色意识成了小 Y 区别于小 X 最重要的外部特征。而成熟度和角色意识都可以通过对"兴趣"的考察进行检验。

　　因此，下面我就来讲讲如何通过具体的轻管理方法和技巧来实现 90 后选拔中的"迎合习惯，兴趣优先"策略。

与时俱进的渠道变革

传统招聘渠道的效果每况愈下,它们的命运不需要我多说大家也可以做出正确的判断。然而我的问题是,为什么传统招聘渠道之前扮演着那么重要的角色,而今天却面临着被淘汰的命运?

一个很重要的原因是它们不再符合受众的使用习惯。90后是在互联网中长大的一代,这使他们具备了很多老一辈们所不具备的能力,包括虚拟沟通能力、快速收集信息的能力和多任务处理能力。

由于多方面的原因,90后很少和非同龄人进行有效的面对面沟通,即使是在同龄人之间,通过网络和电话的虚拟沟通也占很大比重,这使得这一代人在直接语言沟通方面有着比较明显的退化。另外，由于已经习惯方便地获取信息，对于充满未知和不确定性的如现场招聘会那样的环境，他们多少会有一点儿恐惧。所以当 90 后成为应聘的主体，招聘会模式就难以为继。

对于网络招聘，这本是 90 后喜欢的方式，不过近几年中国的网络招聘市场一直处于一种恶性循环之中。为了提升招聘效果，网站向客户自动推送简历，客户花在初步筛选简历的时间增多，优秀求职者简历被关注的机会变小，于是为了获得足够多的面试机会，更多的求职者选择海量投递，结果是招聘人员压力越来越大，效果却越来越差，组织对网络招聘的依赖度也开始逐步降低。

随着社交网络成为主流沟通方式之一，社交网络的招聘能力正在迅速提升。下面我给大家介绍一个使用微博招聘比较成功的案例：一家足球数据公司，它的主要业务是为电视台、平面媒体及网站提供足球比赛的数据服务。从 2003 年公司成立起，网络招聘一直是这家公司最主要的招聘渠道，招聘的主要岗位以网络编辑、数据库及网络工程师为主。

自 2011 年开始，网络招聘的效果开始严重下降，即使采用招聘网站的首页图片广告，效果也难以保证。2012 年 10 月，公司发布的两个与足球相关的职位共收到简历 416 份，其中经初步筛选合格可参加面试的不到 5%，而最终能如约来面试的仅有 5 人，最终成功录用者为 0。

这个结果迫使公司开始寻找新的招聘渠道，由于他们的微博在行内已经非常知名，有着十多万名活跃度很高的粉丝，因此改用微博招聘成了公司的首选。2013 年春节后，他们第一次通过微博发布了足球编辑的招聘信息，一周之内共收到简历 200 余份，除了有体育行业相关背景和经验的求职者外，还有学油画的、做动画的、学意大利语的、学国际关系的，甚至还有学习播音主持的，虽然求职者的背景各不相同，但他们都有一个共同的特点：热爱足球。通过初步筛选，进入面试环节的共有 22 人，80% 以上的人如约参加了面试，最终成功入职 5 人，还有相当一部分优秀的候选人，受到人数的限制不得不被忍痛放弃。

其中有一名候选人给面试官的印象尤为深刻。这是一名在成都上大学的 90 后在校生，由于酷爱足球，一看到招聘信息他就迫不及待地跑到北京来要求面试。他提出只要让他留下来，他可以先不要工资，因为怕错过机会，他甚至想要马上辍学。在公司现有的 17 名足球编辑中，有 8 人是通过微博招聘入职的，其中的 5 名 90 后，全部来自微博招聘，他们普遍表现出极高的工作热情和专业精神。

在这个案例中,虽然新渠道被使用的时间不长,但是我们还是能从中发现一些亮点。

1. 找到合适的渠道,招聘效率将大幅提升,无论是有效简历、面试还是最终录用的比例都会比传统渠道高出几倍。
2. 越贴合目标候选人的使用习惯,有效沟通越充分,招聘过程的效率就越高,80%的如约面试率在传统渠道中是很难想象的。
3. 社交网络本身就是一个由兴趣聚合起来的圈子,因此,通过微博来应聘的候选人都是因为兴趣而来,所以入职以后他们会普遍表现出更高的工作热情和忠诚度。这种方式便于组织更轻松地将"小Y"挑选出来。

通过"再设计"提升岗位吸引力

企业的很多初级岗位招聘困难,除了受到人才供给量下降的影响,还有另外一个重要的因素:90后不愿意从事简单、重复性的工作。

一家大型电信企业的呼叫中心,2011年上半年之前还可以通过设在总部的固定招聘点轻松完成招聘任务,但是从2011年下半年开始,应聘人数、参加入职培训人数及培训后正式上岗人数都开始大幅下降,90后普遍觉得呼叫员岗位工作辛苦、单调又没有前途,以前被普遍看重的大型国企的名头,在90后看来也没有太大的吸引力。

呼叫员工作看似简单,但实际上非常复杂,对员工的能力要求也很高,所以需要具备一定的学历水平。而对于高校毕业生来讲，这份工作又过于枯燥，每天就是对着电话，不断处理各种各样的投诉，不但工作强度大，工作时间不自由，而且感觉投入产出比也很低。

要根本解决类似问题，还要从兴趣和习惯两方面入手，在咨询时，我们把重点放在了如何通过工作的重新设计使呼叫员岗位具备更大的吸引力。为此，经过与公司人力资源团队的深入讨论，我们最终为呼叫员确定了一个全新的定位：应届生毕业3年内的最佳工作岗位。

这个定位传达的基本信息和逻辑是：对一个应届毕业生来说，工作的前3年对他的未来影响最大。在这3年中，比挣钱更重要的是努力积累更多的经验，为以后的发展打好基础。要积累的经验包含两个方面：一是如何做事；二是如何与人打交道。显然学会如何与人打交道对未来成功的帮助更大。

如何积累与人打交道的经验呢？那就是要多与人沟通。经常与陌生人沟通要比与熟人沟通获得的提升更快。因此，如果在大学毕业以后能从事几年频繁地与陌生人沟通的工作，一定能够为他未来的职业发展打下坚实的基础。所以呼叫员是一份可以帮助年轻人锻炼自己、厚积薄发的工作。

呼叫员的工作有两个方向，一是"呼入"，二是"呼出"。所谓"呼入"，就是接听客户打入的电话，通常属于客服性质；

"呼出"则是主动打电话联系客户，更偏向于销售。

在呼入岗位上，最大的挑战是客户投诉，而人际沟通的精华就在于冲突的处理，你想想有多少人有机会每天都能遇到和处理棘手的人际冲突？而一个人如果接受过完整的冲突处理的训练，并且每天都在不断地积累实战经验，那么3年下来，他与同龄人相比将具备多么明显的优势？

在呼出岗位从事的销售工作，是一份"最接近于企业家性质的工作"，不但能得到非常全面的锻炼，还不用自己真金白银的投资。其实，每一个销售人员都在用自己的热情和时间投资，而销售业绩就是投资回报。时间对每一个人都是公平的，要想提升投资回报率只有通过保持激情，不断提升自己的能力和技巧来获得。另外，销售能力中最具挑战的是陌生拜访的能力，而电话陌拜又比登门陌拜更具挑战，优秀的销售员一定都具备极强的陌拜能力，因此呼叫中心一直都是优秀销售人才的摇篮。

无论是呼入还是呼出，都相当于成功素质的强化训练。当一个人不断面对投诉和拒绝的时候，他的自我调节能力就会被激发出来，在这个过程中，人也有机会不断地进行反思并增强自我认知。当然也会有压力过载感觉要崩溃的时候，但是只要能重新理清当时选择这份工作的目的，就会明白这样的坚持是有意义的。因为一切的努力都是为了将来，而如果能在苦乐中走完全程，那么他一定会获得难以想象的丰厚回报。

针对90后的工作再设计需要考虑三个方面的因素：兴趣、意义和性价比。兴趣的含义不仅仅是好玩，在工作设计中它的内涵是复杂性和挑战。一份好的工作可以引发参与者不断探索和迎接挑战的欲望，由此将人的主观能动性和个人价值充分发挥出来。在90后的眼中，一份高度分工、简单重复的工作一定不是一份好工作；同样，一个不放手、不放权，把所有困难都一肩挑的领导也绝对不是一个好领导。

意义的核心是延迟满足，是今天的承受与获取未来的交换。只有未来的目标足够大、足够吸引人，才能够促使人们部分放下即时的满足。对于90后来说，他们没有前代人想得那么长远，2~3年已经是他们能够设想的未来的极限，因此所有关于意义的设计都不应该超越这个时间范畴。同时，为了强化效果，还应再增加密度，设置更多的阶段性目标，帮助他们有步骤、有节奏地实现对意义的追求。而一旦他们认可了工作的意义，管理者就可以开始所谓的"意义管理"，任何时候遇到他们有激烈的心理波动，其他管理方式无效时，都可以通过引导他们回顾工作意义，调整心态、认清问题、重新设定计划的方式得以妥善解决。

还有一个关键因素就是工作的性价比,这一点是90后群体特别看重的。比如,同样是很好的两份工作,一份每月工资较高,但加班也较多;另一份工资略低,但加班也较少。对于80后或更年长的人来说,通常会毫不犹豫地选择更为体面的高工资的工作,而90后则会先算出每小时的工作价值,再选择单位时间工资较高的那一份。

工作性价比的第二重含义是兴趣与意义的权衡,不同的90后会做出不同的选择。通常小X们更喜欢有乐趣的工作,而小Y们更愿意考虑工作的意义,当然如果你能将工作设计得既有乐趣又有意义,那么将会对整个90后群体都具备很大的吸引力。

在招聘中传递正确的信息

今天的人才战已不同于以往，管理者非常清楚雇用一个优秀的员工胜过雇用三四个平平之辈。当供给不足时，争夺最优秀人才的竞争就会愈发激烈。我遇到很多管理者，他们总是抱怨90后没有忠诚度，喜欢跳槽，但他们可能没有意识到，其实很多时候在招聘环节中就已经埋下了离职的种子：管理者们太急于打动候选人，经常在错误的时间，向错误的人传递着错误的信息。

很多管理者忽视了招聘是一个开放的沟通过程，而非一个高度程序化的仪式，因而导致了很多招聘程序变成了十足的雇主推销秀。问题是，过度的美化和包装使候选人获得了很多不实或错误的信息。所以当他们成为新员工，感受到实际工作与广告不符时，马上就会有一种上当受骗的感觉，进而产生失望情绪。因此，有时是几个月，有时是几周甚至是几天，这些员工就会离职而去。我从他们口中听到的最多的抱怨是：这与面试时和我说的不符！

这种现象其实长期存在，每个求职者基本上都有过不止一次"被忽悠"的经历，只是多数人选择了忍受，久而久之他们也变成了这个"忽悠团队"中的一员。然而，在90后的价值观体系中，他们对这样"善意的谎言"是完全不能接受的，他们很容易信任对方，但是一旦发现情况不符，这种信任会迅速土崩瓦解，并且难以重新建立。

因此，在90后的选拔中，传递正确的信息非常重要。这其中至少包含两项内容：发展路径和人际关系。发展路径在面试中基本都会谈到，但通常都比较模糊，这很难满足90后的胃口。管理者要逐步培养以游戏的思维方式与90后沟通，在任何一个游戏中，最吸引玩家的就是它的晋级机制，你的分数、经验和财富达到什么水平，可以晋升到下一级，晋升后你将获得什么奖励，享有哪些特权，这些都将直接影响玩家的努力程度。对90后来说，工作和游戏没有本质区别，公司内的晋级制度，每一级别的权力和需要付出的努力是支持他们选择的最重要的背景信息。

与发展路径相匹配的是相应的人际关系。我建议大家在最后一轮面试时将这个岗位涉及的人际关系向候选人做一个系统的介绍。在组织中，任何一个岗位的人际关系不会超过五种：与上司的关系、与下属的关系、与部门内同事的关系、与其他部门间的关系、与外部合作者的关系。有哪些人是新人要经常面对的，他们的性格和工作风格如何，如何与他们更好地相处等信息对候选人来说都是异常宝贵的，这几分钟的工作甚至可能让候选人感激你一辈子。

　　最后，如果你希望他们能在组织中工作更久，预先传达一些他们在未来工作中可能面临的困难和挑战也是非常必要的。坦诚地告诉候选人他在组织中可能面临的挑战，既包括组织目前的不足，也包括必须由候选人自己通过努力去克服的困难。事先的沟通，不仅仅是一种预警，同时也是在传达一项更重要的信息，那就是："我已经把你看作组织的一员，我希望我们能够共同努力去克服这些困难！"

　　这样的沟通将在未来的关系建立中发挥至关重要的作用。管理者能够开放地、坦诚地将最真实的信息传递给候选人，体现的是一种建立长期关系的愿望，而只有当管理者们抱着建立长期关系的决心时，员工与组织建立长期的关系才能成为可能。

告别结构化面试，善用冲突情境

与其说结构化面试是一种管理技术，不如说它所代表的是一种管理权威。高度结构化的问题，很难让候选人感到自己受到了足够的重视。而在 90 后的眼中，那些只会照本宣科的面试官看起来一定很滑稽。

对于防御度较高的候选人，不连贯的问题很可能造成答非所问的结果，冷场的情况也可能经常发生。而对于 90 后，他们普遍会以一种更开放甚至是超然的心态回答面试官的问题。因此，在 90 后选拔中，我建议管理者多问开放式问题，比如，你怎么评价 90 后一代和你自己，你怎么看待 90 后跳槽频繁的问题等。通过他们的回答，面试官应重点考察的不是他们答案的优劣与对错，而是其中表现出的成熟度和角色意识。

90 后一代整体成熟度偏低，角色意识淡薄，这与他们的成长和教育经历有着密不可分的关系。一个人的成熟度是建立在丰富的实践经验积累之上的,而对于被过度照顾的90后,虽然他们在物质和信息上拥有的比之前任何一代人都多,但是人生经历却如同白纸,平淡无奇。

根据专家的研究,受到环境、食品和信息等多方面因素的影响,现在的青少年性成熟越来越早,比照男孩15岁、女孩13岁的正常年龄普遍提早2～3年。另外,他们的心理成熟却越来越晚,其中男生表现得更为突出:正常情况下二十三四岁应该完成的心理成熟过程,他们很有可能要推迟到30岁左右才能完成。因此,在80后、90后中出现了很多"老男孩",从十二三岁开始,到30岁止,他们有十七八年的时间处在男孩与男人的中间阶段,行为与年龄极不相符,想让他们成为一名合格员工也就变得异常困难。

因此,管理者要通过更多的开放性问题,让90后候选人充分表达自己的看法和意见。同时也可以通过主动设置一些冲突情境,来进一步考察他们的"成熟度"与"角色意识"。在面试中,最常用的冲突情境包括"迟到反应""低底薪反应"和"与父母的关系"。

我曾经问过很多管理者一个共同的问题:"现在有多少候选人能够准时来参加面试?"我得到的答案集中在

15% ～ 20%，这个结果让人难以接受，但它的确是事实，90后喜欢爽约。我也面试过很多的 90 后候选人，发现大部分 90 后对迟到这件事完全不在意，面试迟到一小时以上的也大有人在。当被问到迟到的原因时，他们五花八门的理由经常令你哭笑不得，然而问题的关键是你能感觉到他们在描述的时候是认真的，也就是说，他们真的没有把迟到这件事当一回事。

爽约和迟到反映了两个层面的问题，一是在他们的价值观体系中，"我"被摆在了最显要的位置，优先于与任何其他人之间的关系，因此，很多不重要但有关自己的事情都可以被优先处理。二是他们还未意识到自己即将成为一名组织人，而应该学会遵守组织内人际交往的一般准则，比如及时沟通与履行承诺。

面对这种情况该怎么办？首先我们得接受 90 后这个普遍性的缺点，无须再报以更多的负面情绪，然后再把这个冲突转换为一个挑选小 Y 的有效机会。其实在迟到这件事上，小 X 和小 Y 表现得差别很明显，小 X 通常选择忽略和陈述理由，而小 Y 会事先通过电话或短信通知你他可能会迟到，而且见面后会表现出抱歉和自责。

考察一名 90 后候选人是不是真的对你提供的岗位有兴趣，最有效的方法就是观察他对低底薪的反应。与 80 后不同，90

后在选择工作时会将兴趣排在薪酬之前，如果是他真正感兴趣的工作，他不会过多考虑薪酬方面的问题。因此，在面试中，如果你不确定某个候选人是不是真的对这份工作感兴趣，你可以先开出一个较低的薪酬来测试他的反应，如果他毫不犹豫地接受，或是和你讨论能够保证他基本生活的薪酬底线时，说明他内心真的喜欢并渴望得到这份工作。当然，我并不是说你可以用更少的钱招到90后，这只是一个招聘的技巧，通过我们人为设置的一个冲突情境来挑选更合适的人。这样做还有另外一个好处，就是你可以避免将那些对工作本身不感兴趣，而只是单纯地看重待遇的候选人招募进来，因为只要任何时候他发现这不是他感兴趣的工作，离职都会成为必然。

还有一个特别适合于90后的面试问题："你与父母有没有发生过冲突，你是怎么处理的？"在对90后的访谈中，我发现他们与父母之间的关系很有意思，一方面，他们与父母之间比以往任何一代都更加亲密，在生活上和心理上对父母的依赖度都很高，关系也更加平等，很多时候他们在用更接近朋友的方式相处。而另一方面，他们与父母之间也会有激烈的冲突发生，尤其是当父母试图影响和参与他们的个人决策时，冲突表现得最为激烈。这种冲突在90后身上是极其普遍的，而处理方式的不同体现出的正是成熟度与角色意识的差异。

别让招聘输在终点线上

如同结构化面试一样,复杂冗长的招聘流程也是一种权威的体现,如果不能针对90后进行积极全面的改进,招聘流程会成为制约组织招聘能力的一大障碍。

刚才我们提到90后面试迟到的问题,还可以通过面试时间的调整来解决。假如你要面试3个候选人,每人用时20分钟,传统的方式是你确定每个人的面试时间然后挨个通知他们,第一个10:00,第二个10:20,第三个10:40,而90后普遍性的迟到通常会完全打乱你的面试计划。

现在我们换一种更适合90后的方式,你可以通知候选人:"你的面试时间被安排在上午10:00～11:00,这个时间段一共安排了3个人面试,我们遵循时间优先次序,先到的会先安排面试。"这样,一方面你的面试安排再不会由于某个人的迟到而被全盘打乱,更重要的是,在面试前你的考察和筛选过程就已开始,谁更重视这个岗位、谁的成熟度更高、角色意识更强都可以通过这个竞争环节充分地表现出来。

第二个改进是缩减流程,很多时候我们辛辛苦苦才吸引来的候选人，最终都被拖延的招聘流程所牺牲。所以我想强调的是，就像我们非常挑剔地招聘90后一样，90后对招聘流程也非常挑剔，你必须尽快结束这一过程，如果你动得太慢，就会失去非常多的机会。

录取通知对于90后来说，并不代表着一个铁定的交易。很多时候90后会改变主意。我有一个朋友的孩子，去年毕业得到了一家门户网站的offer，工作开始时间是两周以后，中间有朋友邀请她一起去尼泊尔旅行，她不好意思拒绝，就向公司提出晚一个月入职，得到的答复是不行。她索性直接放弃了这份工作，然后在旅行回来又找到了另一份不错的工作。

事实表明，90后对复杂的选拔测试和内部流程已经失去了兴趣。90后已经习惯多样的选择，管理者应该清楚，那些优秀的候选人手上都会同时拥有几份offer，不要让过于复杂的流程成为你被率先淘汰出局的理由。正常的素质和能力测试可以保留，但应更多基于网络，尽量减少候选人往返面试地之间的次数。所有内部的流程应该被视为黑匣子，如果冗长的手续不能一时肃清，也要尽量避免直接展示在候选人面前。要知道，90后对这些甚至都没有基本的容忍度，他们会直接表现出反感和抗拒。

最后，就是要管理好从候选人收到offer到实际开始工作之间的空当，要非常小心地对待这个过程，因为它很可能导致一个好的招聘最终失败。有一些办法可以帮助90后保持新鲜感并最终加入公司：

1. 在空当期，与准员工保持密切、有节奏、有趣、有益、实用的沟通。不仅仅是通过招聘专员，还应该包括人力资源管理者、用人部门的领导或是公司安排的导师。
2. 给他们提供足够多的公司背景资料，同时最好还能提供如T恤、帽子、冰箱贴、咖啡杯、笔或是其他可以让他们向朋友和亲戚炫耀公司的东西。
3. 安排一些具体工作让他们完成。这些工作不应是形式上的，而是能帮助他们尽快熟悉环境。你可以把他们纳入正在进行的工作；也可以让他们旁听部门例会；可以让他们提前填写那些入职时要填写的表格；还可以提供通讯录，让他们提前了解部门的同事和未来的上司。
4. 可能的话让部门的管理者至少请他们喝一次咖啡，和他们聊聊未来的工作和团队关系。

所有这些沟通选项都将保持与准员工的联系。这样他们会感到正在被公司接纳并逐步融入团队，这也将带给他们一些对工作的实际感受。无论你怎么做，就是一定不要在发布offer与报到之间保持沉默。

轻管理秘笈

如何选拔90后员工？

① 告别结构化面试：
   通过更多开放性问题收集信息

② 改进招聘流程：
   简化流程，保持互动，确保入职

淡化权威

强化边界

软化冲突

善用冲突情境：
通过冲突反应，将小Y挑选出来

① 渠道变革：
   迎合90后使用习惯

② 工作再设计：
   提升岗位的吸引力

③ 传递正确的信息：
   避免优秀候选人的损失

轻管理策略

迎合习惯，兴趣优先

"想没想过 5 年以后你在公司会有什么样的发展?"

"当然,成为 CEO!"

再加工：
如何帮助 90 后尽快成为合格员工

一个被访谈的90后女孩告诉我:"我第一天上班的时候非常激动,我冲进门向所有人打招呼:大家好,我来了!而我的经理却一脸茫然地看着我,过了好几秒钟才对我说:哦,对不起,我忘了你今天入职!"

"……他们安排我坐在会议室,一坐就是3个星期,我甚至还要用自己的电脑。每次我去问,领导总是回答:再等等,公司还没准备好。很多老员工劝我:着什么急啊,反正公司给你发工资,浪费也是浪费公司的时间。但他们错了,这是我的时间,他们在浪费我的生命!"

火与冰：当热情遭遇冷淡

在我的观察中，这样的错位非常普遍。90后兴奋而充满激情地准备迎接工作的挑战，而他们面对的却通常是管理者的冷静与平淡。一位基金经理告诉我："我感觉他们来的第一天就想把一年的问题都问完。我理解这是他们工作的起点，他们很兴奋，但是我很想告诉他们，对我来说这只是另外一个周一而已。"

的确，90后的心气很高，他们在第一天就迫不及待地想实现职业生涯的突破。他们自信满满，坚信"Nothing is impossible！"和"一切皆有可能！"他们比任何一代都更渴望成功。但问题是，很多的管理者并不看好90后，对他们的评价是"无知者无畏"："90后的自信过于盲目，充斥着幻觉，他们完全不了解现实世界有多残酷！"

基于此，很多管理者甚至专家主张给新入职的 90 后一个下马威，杀杀他们的锐气，帮助他们清醒一下头脑。但是我想提醒的是，这种想法同样是"无知者无畏"。我们面对的不再是 70 后、80 后，90 后比他们难伺候得多。如果他们在开始正式工作之前就感受到了明显的不尊重，那么他们根本不会继续和你玩下去。

因此，90 后新员工融入组织的最大挑战是如何在他们澎湃的激情与管理者现实的要求之间找到一种平衡。其实答案很明确：有热情对组织来说不是件坏事，关键的问题是管理者如何把 90 后的精力和热情引导到他们期望的轨道上去，并帮助 90 后尽快成为一名合格员工。否则，再好的选拔过程都会以失败的雇用而告终。

轻管理策略：有心有法，疏导转化

90后对组织造成的冲击，很大程度上是因为他们被"惯坏了"。他们一直接受着父母的过度照顾，享受着时刻都是焦点的优越感。在招聘会上，你可以看到越来越多的家长陪着孩子一起来投递简历；在公司门口，经常能发现新员工的父母，他们就像送孩子上大学一样来见证儿女如何踏上工作岗位。虽然这些90后都已经成年，但是在父母和长辈的眼中，他们永远都需要来自家庭的支持和保护。

很多管理者对这样的情景都表现出强烈的反感，觉得难以理解："如果是我当年找工作的时候父母跟在身边，我会恨不得找个地缝钻进去。"但事实是，90后并不觉得尴尬，他们人生中的所有重大时刻都有父母的紧密陪伴。90后从来都被当作家庭中最重要的一员，然而，从他们踏入公司大门的那一刻起，他们可以适应不再是焦点的新环境吗？

虽然我对60后父母教育90后的普遍方式也抱有异议，但是我还是要告诉管理者，这不是某个90后身上的问题，这是一代人的代际属性，除了接受它，我们别无他法。因此，在90后员工入职的初期，为了使他们的心理平稳过渡，我们不得不扮演"准父母"的角色一段时间。

我说的"准父母"并不是要求你像爱自己的孩子一样去爱你的新员工，也不是要像照顾生活起居一样关心他们在公司内的一举一动。我说的是在工作中，你必须有能力替代父母在他们心中的位置，让他们感受到你发自内心的关注与关爱，直到他们完成角色转变，成为一名独立自主的合格员工为止。

我相信还是有很多管理者会问："那么我们的关爱应该怎么体现，分寸如何把握？"我的回答是："你需要全方位地关爱他们，但是关注的重点是帮助他们获得职业上的成功。"

最近有一家创业公司的老总征询我的建议：她那儿有一名新入职的90后销售员，工作很努力，但是绩效总是不能达标，为了多给他一点机会，公司已经延长了一次试用期，但他还是达不到要求。公司老总问我该如何处理，我问她："撇开业绩不谈，你认为怎样对他个人的发展最有好处？"她说："他其实挺适合做客服的，以他的热情和耐心，一定可以干得很好……不过我们这暂时没有这样的岗位。"我说："那你就找他来好好谈谈，建议他换一份工作，重点是你一定要让他感受到你是真的关心他的发展，他的未来。"过了几天她跟我说："那个男孩辞职了，坚持不要公司的补偿，临走的时候还不停地感谢我……"

所以"有心"很重要，但同时你还要有帮助90后成为合格员工的方法。曾经有个公司经理在培训中分享："我训练新员工的方法很直接，就是让他们感觉自己被扔进了深水区，他们要么努力游，要么被沉掉。"但问题是，如果你让90后面对"努力游"还是"沉掉"的选择，他们通常会选择不游，或是去浅水区游，或者按他们自己的方向游，或者干脆跳出泳池，穿好衣服，去为你的竞争对手工作。强硬的手段对90后无效，一定要特别小心地对待他们，并保持足够的耐心。无论是不经意流露出来的不屑，还是你的批评让他们感觉很没面子，都有可能使你之前的所有努力付诸东流。

再有就是管理者要明白"热情"是一种能量，即使90后的想法和创意再脱离实际，你也不能一盆冷水浇上去把它硬生生地转化成负能量。我们要做的是把这种能量疏导到我们期望的轨道中，而不是打击他们的创意、熄灭他们的热情。

90后过度的热情体现在三个方面：一是在他们看来，组织哪哪都有问题，虽然他们进入公司还没两天；二是他们总是不断地要求承担更多的职责，迎接更大的挑战，虽然他们还没能把手头的工作做好；三是他们总认为管理工作很简单，虽然他们还不能很好地管理自己。"他们想做的都是我们的工作，他们来的第一天就恨不得把我们取而代之！"一名游戏公司的高管说。

90后过度的热情的确给管理者造成了很大的压力。但我认为，他们想去做管理者的工作不假，但是暂时还没有取而代之的想法，他们只是迫切地希望"证明自己"！因此管理者要以"疏导"替代"打击"，不要轻易拒绝他们，有时他们真的会带着很棒的想法来找你。

最后一点，也是最重要的一点，就是帮助90后完成"转化"：从孩子转化为成人；从学生转化为员工；把教育的"半成品"转化为合格的组织人。

我在深圳听到很多的管理者在一起讨论："现在90后跳槽太频繁，谁还愿意花时间、成本进行培训？我们希望招来的人马上就能创造价值。"以我的观察，赞同这种意见的管理者还不在少数。但是，有两点要提醒大家注意：首先，以现有的教育体制，大中院校的毕业生基本上都只能算是"半成品"，且不论他们的专业知识与技能，单是他们的专业精神和为人处世的能力就与组织的要求相去甚远。如果组织没有能力对他们进行再加工，把他们转化成你需要的样子，那么要让他们创造价值是非常困难的。其次，正是因为组织普遍性地缺乏对新员工的培养，才造就了那么多"夹生"员工，以致他们频繁跳槽，这种恶性循环不仅仅是员工单方面的问题。

对此，企业经常感到很委屈：我们没有责任花额外的时间和成本去为不到位的家庭教育和学校教育埋单。我很同情你们的处境，但是既然无法改变，就接受它并换一个角度：把它当作你的投资，把关注点聚焦投资回报率，而不是去考虑公平不公平。

把90后培养成合格员工，比以往任何一代都更加困难。这不仅仅需要方式方法的改变，对管理者自身的角色意识和情绪控制力也提出了更高的要求。因此"有心有法，疏导转化"的轻管理策略也可以被理解为：情感投入、因材施教、因势利导、职业塑造。请相信，在这个阶段你为新员工所花的每一分钟、每一分钱都将是无价的！

比入职培训更重要的"工作首日管理"

我们发现有不少的 90 后员工，在工作一两天以后就不辞而别了。虽然这种现象不断地给组织造成损失，给管理者造成困扰，但一直未能引起组织和管理者的足够重视。很多领导认为现在的年轻人太缺乏责任感，想来就来，想走就走，对此组织也无能为力。而我的结论是，造成这种现象的责任完全在于组织。

几年前，我在咨询过程中遇到这样一个案例，当时一家能源行业的客户要求我们为他们在西部的一家矿企寻找一名总工，由于技术条件复杂，对候选人的要求很高，所以猎寻过程十分困难。还好，我们的顾问比较幸运地在某沿海省份找到一名合适的候选人，同时他本人也很愿意接受这份工作。本来以为这个任务可以就此顺利地完成，没想到候选人入职才一个星期就强烈要求辞职，经过多次挽留也没能奏效。

事情过去几个月之后，我又一次见到了那位总工，交谈中他告诉了我他离职的真正原因。他说："那个矿的地质条件很复杂，开采难度很大，一般人估计都不敢接，但这和我之前的工作经验刚好完全匹配，所以当时我就想，这个岗位真是'非我莫属'啊！所以待遇和工作地点我都没太在乎就毅然决然地去了。我去的路上自信满满，憋足了劲，恨不得下了车就立即下井开始工作。可是，到了矿上我才发现自己想得太天真了。我一直等到第三天才见到出差回来的总经理，而在这几天里，除了后勤的人帮我安排食宿外，我谁也不认识，别人也不知道我是干什么的。我自己走到矿区，想下井却被拦住了，怎么说也不行，因为没人知道公司来了一个'新总工'。那时候，我感受到的是一种巨大的落差，我开始怀疑自己的能力在这里能不能发挥，质疑自己的选择是不是理智……说实话，虽然事情过去这么久了，现在想起来还是觉得挺委屈！"

正是这个案例促使我开始关注"预期公平"的问题。预期公平、内部公平与外部公平是组织内"公平"的三个层次，直接决定了员工的心理感受。而预期公平与内部公平、外部公平最大的区别在于：它并不是通过与外界参照物的对比来产生是否公平的感受，"预期公平"的参照物是内在的，是和自己心中的期望比较的结果。显然，刚才讲的就是一个典型的由于"预期公平"未得到满足而导致离职的案例。

多家咨询公司的研究报告均显示,基层员工离职的首要原因是他们感受到了明显的"不公平",而90后大量的短期跳槽行为,正是组织未能满足他们基本"预期公平"的直接体现。而在90后身上之所以表现得更为极端,是因为他们的"预期"比任何一代人都高。因此,他们更难被满足,也更容易感受到"不公平"。

不是每个90后员工都能像本章开始时的那个女孩有那么强的自我调节能力(显然她是一个小Y)。为了使90后安然度过最初的不稳定期,管理者应该高度重视"预期公平"的问题,并通过制度性的安排来满足新员工的期望。在实践中,最有效的方式就是"工作首日管理"。

对于任何一个初入职场的人来说,工作的第一天都是最重要的。我们可以回想一下我们自己第一天去上班的情景,内心有多少憧憬,又有多少忐忑?因此,组织要呼应他们的感受,你需要像为你的孩子准备生日派对一样为他们精心准备一个热烈的入职仪式。不需要蛋糕、蜡烛、礼物和生日歌,但是你要创造出一种氛围,和你的新员工一起庆祝他们职业生涯的开始。

入职仪式的核心是"仪式感"。虽然新员工从踏入公司大门的那一刻起,从名义上他们就已经成为组织的一员,但是要从心理上真正完成这一转变却不是一两天的事,需要一个漫长的过程。而通过一系列具有强烈的"仪式感"的活动,可以帮助他们大大加快这一进程。

很抱歉,在我的调研中暂时还没有发现哪个组织在这方面有令人印象深刻的做法和经验。有一些公司会安排诵读或是宣誓的仪式,但我认为形式有余,而仪式感不足。因此,我在这里只能引用一些国外企业的成功做法,供大家参考:日本三菱铅笔公司会安排每一位新职员在入职仪式上削铅笔;东京著名的皮鞋公司 Columbus(哥伦布)会安排新员工为老员工擦一次皮鞋;而日本航空公司新入职的空姐,则被要求每人折一架纸飞机,写上自己的心愿,在入社仪式上跟着社长一起抛向蓝天。这些仪式已经逐渐演变成他们的传统,被每一代新人所传承。通过这些具有仪式感的瞬间,可以帮助新员工将入职一刻的兴奋转化成终生难忘的记忆。

其次,要为新员工安排一名"导游"。这名"导游"既可以是本部门的同事,也可以是其他部门的同事,但最好是那些进入公司不足 3 年的年轻员工,因为他们与新员工之间有着更多的共同话题。"导游"的职责是在第一天全程陪同新员工,帮助他们克服陌生感。陌生感是新员工进入组织所面临的首要障碍，强烈的陌生感会在内心引发不确定性，不确定性又会同时触发两种相反的心理感受：期望和恐惧。良好的引导，可以帮助新员工放大期望，建立起对未来职业发展的无限憧憬；而如果无人关心，工作第一天就被晾在一边，则会导致恐惧感的放大，并引发失望与焦虑。

为了让新员工感受到组织的重视，"导游"们应该预先得到系统的培训，他们应该了解要接待的新同事的详细资料及他们入职首日的全部日程安排。在入职日，"导游"的工作就是全天候地陪同新员工，无论是参加各种活动、办理各种手续，还是带领他们参观公司、认识新同事。"导游"们应该像一本组织词典，可以随时解答新员工的疑问，同时"导游"也很可能会成为新员工在组织内交到的第一个朋友。这种关系的建立对他们会有很大帮助，对"导游"自身和组织也会产生积极的影响。

工作的第一天也是帮助新员工建立"职业心锚"的最佳机会，因为此时的他们心态是最开放的。我访谈过很多成功的职业人，他们很多人都把现在的成功归功于他们在工作第一天定下的目标。有可能是听到董事长热情洋溢的致辞，有可能是了解到公司辉煌的历史，甚至有可能只是因为领导一个充满期盼的眼神，就可以让希望在年轻人的心中播下种子。

曾经有一位商业银行的高管告诉我,他能有今天的成就一直非常感谢他的第一任经理。在入职的第一天,他的经理把他带到另一家分行,在门口指着里面非常年轻的分行行长说:看见了吗,那就是你奋斗的目标!……后来每当我想放弃的时候,一想到这个场景就会重新振作起来!

90 后对管理的改变是全方位的,你会逐步发现他们对管理的需求更多地集中在心理层面上。因此"工作首日管理"的重要性甚至会超越"入职培训",成为入职管理工作的核心。毕竟,如果不能帮助 90 后成功地完成心理上的融入,再多的专业技能培训也难以发挥作用。

处理好"高期望值"

大家还记得第一章里提到的那个刚进公司一个月就提交了近 70 页调研报告的女孩吗？他的经理在和我讲这个案例的时候一直称呼她为"女超人"，我很好奇这个称呼的来历，经理说："因为她一来就想拯救地球！"

是的，我能理解面对新员工，尤其是"小 Y"们，管理者会有很大的压力。对于他们高涨的期望和热情，管理者经常处于一种两难境地：一方面会觉得他们"热"得不切实际，另一方面又怕"冷"处理对他们造成打击。

很多人想知道面对类似的情况应该如何处理，我倒觉得如果你能理解"不能如何处理"会更有帮助。如果"女超人"站在你面前，有三种方式是一定不能用的：第一，不能泼冷水；第二，不能忽视不管，任其自生自灭；第三，不能假装你很关心，但又无所行动。

无论能力大小，每个90后都觉得自己承担着改变世界的使命。所以即使是初来乍到，他们也希望能改变现状，发现前人没能发现的问题。一个90后告诉我："我在入职之前就已经开始研究竞争对手，做市场分析，尽可能多地学习……要带着不同的视角进入公司，我不想和那些在公司干了很多年的'老人'们一样，我想让这儿变得不同！"

虽然这种强烈的愿望在短期内很难对组织产生直接的帮助，但是它们却是希望的火种，需要管理者的小心呵护。"我感觉公司会欢迎我们这些新鲜血液，但是当我来了以后，却感觉特别受打击。每次我发言，领导要么打断我，要么就是眼睛望向天花板，感觉他根本不想听我说话。几次下来，我想算了，既然你不在乎，我为什么要在乎呢？"你看，虽然他们内心充满激情，但也十分脆弱，一盆冷水就可能扑灭他们的热情。

对于90后表达的想法和建议，你也不能忽视不管。"女超人"的经理就接受过这样的教训：他觉得那份报告还远远算不上成熟，根本没有向上汇报的必要，因此他就采用了冷处理的方式，既不上报，也不回复。按照管理者的逻辑，这就表示了拒绝。然而"女超人"似乎完全没有领会经理的意思，她不停地变换各种方式以推动事情的进展，最后甚至给她的经理下了最后通牒："如果明天我还得不到答复，我就直接去找 CEO！"

就像是无论用什么方法也要得到玩具的孩子，90 后的生活经历造就了他们对于所想所爱"不达目的，誓不罢休"的性格。对于管理者"用拖延表示拒绝""用沉默表示否定"等各种隐晦的表达方式，他们既不理解，也不想理解。90 后喜欢直来直去，他们才不会顺着你的思路猜谜语、躲猫猫。

还有就是不要假装你很欣赏他们的热情和想法，实际上又没有任何行动。事实上，面对 90 后你不应该假装任何事，因为他们拥有强大的侦测系统，特别是向上侦测的能力。这种能力在他们的幼儿时期就已经被完全开发，在"你更爱妈妈还是爸爸"的反复追问中，他们很早就练就了察言观色的能力。同时，他们也非常清楚谁是真的爱他，而谁又是在假装。所以和他们相处，你首先要树立起诚实可信的形象，这样与他们发展更长期、更深入的关系才成为可能。

那么，面对 90 后新员工的高期望，我们应该如何对待呢？我想你唯一要做的，就是帮助他们将发散的目标聚焦于眼前的工作，引导他们用高涨的热情把手头的工作做好。

当他们开始正式工作之前，你就应该帮助每个人制订一份独特的学习计划。根据他们的工作职责和目标，列明他们需要学习的知识与技能，然后要求他们自己去寻找学习资源，包括书籍、公司资料、有经验的同事或是网络等。接下来，你要鼓励和督促他们按计划执行，定期回顾学习成果。最重要的是，你要带领他们不断总结。通过这样的学习，了解他们在何时、何地、如何提升了自己的绩效。

很多次我推荐管理者对那些最有热情的新员工尝试这个方法，我也在持续关注他们的试验效果。"他们的学习计划真的很有创意，让我感觉我们是真的老了。他们喜欢这种方式，而且一旦进入状态，周围的同事都能感觉到他们虚心多了，完全不像刚来的时候那么刺儿头……我认为这个方法真的能疏导他们的热情，提升他们的绩效。我现在能理解了，90后不是在为谁工作，他们只是想不断进步，获得成功！"

同打击他们的热情相比，管理者更聪明的做法是"挖渠"，鼓励90后对自己的创意保持跟踪。现在如果"女超人"拿着报告来找你，请告诉她：如果你想让你的想法更加成熟，光列举这些问题还不够，希望你能再沉淀几个月，在实际工作中进行更多的系统思考，如果到那时你还是觉得这是一份有价值的报告，那么就再想一下解决方案，并制订好具体的项目计划，那时候我保证可以让CEO和高管们一起，正式地听取你的汇报。

"挖渠"的技巧可以保证90后今后不会再每想一个点子就来"烦"我们。我们认真地对待他们的想法，他们自己也会变得更加认真。你越鼓励他们将热情聚焦于自己的工作，越鼓励他们不断地在实践中学习，他们就会以更多的努力，更好的绩效来回报你。

"准父母"式管理

我的一个朋友有一天情绪激动地向我抱怨:"谁能想得到,我今天被我一个员工的妈教训了一顿!……打电话给我,开始还是和我商量能不能给她儿子少安排一点加班,说着说着就开始质问我,为什么她儿子干的都是杂活,为什么职位和工资不能再高一点。"我还听过另一位经理说:"我们公司新来的一个90后,上班第一天就一直在打电话,差不多一天都在线上。我实在看不下去了,把她叫到办公室问她:你不知道工作时间不能打私人电话吗?女孩一脸委屈地回答:我爸妈在教我怎样和同事相处……"

几年前我们做梦都想象不到的情景,现在每天都在办公室里发生着。为什么90后更愿意和他们的父母讨论与工作相关的话题?为什么90后的父母们比以往任何时候都更多地参与到了他们成年子女的工作当中?

要找到答案，管理者首先要对正式组织和非正式组织有一个初步的了解。我们雇用一个员工，是看重了他们身上的某些能力与特征，这些能力与特征可以帮助组织实现目标，而以明确的工作目标建立起来的组织就是正式组织。

然而你有没有考虑过，我们雇用的是一个完整的人，他们身上除了具备工作需要的能力以外，还有在工作中用不到的其他能力和可能影响到工作的心理感受和情绪。对于这些组织不需要的部分，我们该如何处理？你不可能要求员工每天上班时只把组织需要的部分带来，而把不需要的部分留在家里。正是由于人的不可分割性，有正式组织的地方就必然会伴有非正式组织。非正式组织可以满足人们的情感目标，它帮助组织中的人们通过建立非正式的关系，相互交流，抒发情绪，补充能量，释放压力。

因此，正式组织与非正式组织有着一体两面、共生共存的关系。大部分组织和管理者对非正式组织缺乏足够的了解，因此更谈不上有序地建设。然而，我在研究中慢慢发现，90后对于非正式组织有着更强的依赖性，尤其是在他们职业生涯的早期。

90后更倾向于首先与领导和同事建立起朋友关系，然后在一种更轻松，非正式的关系环境中开展工作。"感觉要让他们干活需要做很多的铺垫,你要不厌其烦地解释,不停地给他们鼓励,安抚他们不稳定的情绪,等你忙完这一大圈,他们才能真正地动起来。"正如这个管理者感受到的一样,与之前的所有代际相比,90后在工作中有更多的情绪表达,需要得到更多的情感关注。

因此,这就要求管理者比以前付出得更多,你不但需要履行你的管理责任,而且要付出更多的情感。先在非正式组织中与90后建立起紧密的关系联结,然后再回到正式组织中实现你的目标管理,这种"曲线救国"的方法就是我所说的"准父母"式管理。

我知道不少管理者对这一方式接受起来会很困难,尤其是一些年轻的管理者,他们自己还没有为人父母,就被要求去做别人的"准父母",实在是有些强人所难。更多的管理者会认为这超越了他们的职责范围。有一次,一位中年管理者在培训中站起来质问我:"你凭什么要求我们去做90后的后爹后妈?"其实我可以从很多角度来解释这种管理转变的必要性,不过由于篇幅的原因我只想提醒一点:如果你不能通过更多的情感投入,在工作时间替代"父母"在90后心目中的位置,那么他们的父母随时都会插一脚进来,管理将会越来越多地受到来自新员工父母们的干扰。

那么，如何实现"准父母"式管理呢？首先要让你的90后员工感受到你的关注。你需要很认真地记住他们的名字，最好在第一次见到他们的时候你就可以准确地叫出来，并且在所有的沟通中尽可能多地使用，因为90后确实很喜欢这样。但这还不够，你还应该了解有关他们的更多信息：

- 他（她）喜欢现在这份工作吗？
- 他（她）现在最希望从工作中获得什么？
- 他（她）喜欢与其他同事交流吗？交流什么？用什么方式？
- 他（她）给同事的影响通常是积极的、消极的还是中性的？
- 他（她）在同事中的口碑如何？
- 他（她）想在这里干多久，短期的还是长期的？
- 他（她）的家庭情况如何？
- 他（她）有什么样的爱好，业余时间通常做什么？
- 他（她）个人发展的目标是什么？
- 他（她）现在有什么困难会影响工作？

你要获得这些信息的方法当然是和他们一对一地沟通。然而，这里需要管理者清晰的是，了解不同的信息，必要通过不同的方式：获得与工作直接相关的信息要通过工作时间的正式沟通；获得背景性的个人信息应该通过业余时间的非正式沟通。只有你首先正确地发挥了正式组织和非正式组织的作用，才能帮助90后在日后的工作中建立起正确的意识。

正式的沟通要力图简短并目标明确。不要让这样的一对一谈话变成聊天或谈心，将你的谈话严格聚焦于员工今天、本周或本月的工作，帮助他们检查、评估、总结，然后询问他们是否需要资源上的支持，最后以明确的、可执行的计划收尾。谈话的时间最好限定在15～20分钟，保持足够的频次，确保他们的工作进度在你的完全掌控之中。

非正式的沟通恰恰是聊天和谈心，不要让它再次成为工作谈话或者是正式沟通的延伸。有条件的话，我建议你尽量选择办公室以外的环境，比如咖啡馆或餐厅。在非正式沟通中，着重于背景信息与情绪状态的了解，给他们提供更私人化或更情绪化表达的机会，以朋友的身份反馈他们最近的状态，指出他们的进步与不足。最后别忘了询问他们是否需要你的帮助。这样的沟通越充分越好，你需要找一些有保障的时间，不要让90后感觉你总是急着要走。

沟通就要花时间，但是管理者的时间通常非常宝贵，因此你要学会对每一名90后投资合适的时间。如果你的直接汇报者很多，那么就需要进行选择，但是不要错误地把时间总是花在少数几个问题员工身上。你首先要关注的对象，应该是那些最具培养潜质的"小Y"；其次是那些最容易犯错误的"小X"，然后再把剩余的时间花在其他人身上。每天选择一到两个，直到你谈完一遍，然后再重复这个过程。

随着实践的深入，你会越来越清晰自己在同时扮演着两个角色：在正式谈话中，你在履行管理者的职责；在非正式谈话中，你在扮演"准父母"的角色。那些在组织中应该遵守的规则，在正式谈话中应该得到无条件的执行；而那些需要被关注的心理与情绪问题，则应该在非正式谈话中得到解决。

这种方式的另一重要作用，也是要帮助90后新员工树立起正确的角色意识。通过两种不同形式的沟通，让他们有机会去体会其中的区别并加以区分，慢慢地他们会开始反思自己的行为是适合正式组织还是非正式组织。你的精力投入会让他们感受到有人在用额外的时间来帮助他们完成职业化的转变，而这种主观的体验恰恰是一个新员工能够从自然人转化为组织人的关键。

教会他们一次做好一件事

90后不但期望值很高,而且还不断地要求新的责任与挑战。他们不会对每天都在重复做的事保持热情,但是一旦有新的挑战刺激他们的神经,他们的工作热情便会再次被激发出来。一家大型连锁企业的主管曾跟我分享她的经验:"我的一个90后下属经常对我说,这件事我以前做过,您能不能分配一项新的任务给我?其实我知道她这么说是因为她感受不到挑战,而我让她做这件事是因为我放心她可以做好。她一直很努力,比部门里其他任何人干得都多。但是,如果我总是给她安排新的工作,那么我就要花更多的时间教她怎么做,我不可能只是给她一个任务,然后说:你去做吧!"

90后面对挑战的自信来自两方面:一是快速学习的能力;二是强大的多任务处理能力。成长于网络中的90后对信息有着天生的敏感度，信息的搜索与收集能力已融化在他们的血液中，因此，学习对他们来说是即时的、持续的。快速学习的能力使他们面对任何陌生的领域几乎都毫不恐惧。

另外，网络生活使他们练就了同时处理多项任务的能力，他们甚至会觉得同一时间只干一件事是在浪费时间。因此，即使手头的工作还没做完，如果90后感到已没有新鲜感或挑战性，他们就会不自觉地寻找新的任务来填补这些空白。多任务处理能力使他们的能量吞吐力大大提升，所以他们需要通过不断输入新的能量来维持自身系统的活力。

但是，这样的需求的确很难与组织的节奏同步，也会给管理者带来很大的压力。一位项目经理说："他们每看到我在做一件不同的工作后都会说：哦！这个我也能做。但是，他们没有注意到这个角色中包含了很多职责，而且需要很多专业技能和经验的积累。"从很多管理者的角度，他们当然希望新的挑战可以为90后提供更多锻炼和学习的机会，但是他们也非常担心，一旦出现麻烦，他们就需要多花几倍的时间去收拾残局。

而另一个问题是，90后的耐心非常有限，如果你告诉他们要用一年半载的时间才能完成足够的积累，才有资格去迎接更大的挑战，那么你就将面临如何保持他们工作热情的严峻挑战。说实话，我并不认为任何一名90后可以为了一个更大的机会苦苦地等上几年。

那么，面对这样的困局我们该如何破解呢？你需要一开始就将一个复杂的职位或任务分解，然后再一次一个地重建起来。在这个过程中，按顺序、有计划、有节奏地将任务布置给90后，而且确保每次给他们布置的任务只有一个。

这里有一个不错的例子，是一位总监训练他部门新来的助理。他并不是简单地结合手头的工作来指导她，而是将助理的工作分解成很多模块，然后训练她从头开始一个个地做起。他们从最简单的复印、传真开始，在两周的时间里，整个部门的复印和传真都由新来的助理负责。第一周她被要求熟练地操作这些设备；第二周则被要求去思考在这项工作中如何提升效率、节约成本。接下来的两周，总监安排她学习如何处理邮件，要求部门所有人将涉及部门间沟通协调的邮件都转发给她，由她负责与所有相关人员充分沟通之后再进行回复。再接下来是接听电话、接待访客、润色PPT、撰写公文、准备报告、组织部门活动……在3个月的时间里，她每天都有明确的训练目标，这不但使她学会了如何把每一件简单的工作做对，同时高强度的工作更帮助她实现了熟练掌握的技巧，甚至在每个单项她都拥有了自己的"独门绝技"。就这样，她在一个个小的目标中不断积累、成长，短短几个月的时间，她已经成为了这个部门有史以来最优秀的助理。

这种方式对 90 后非常有效，管理者压力不大，同时新员工又会感觉收获很多。因为这样你可以帮助他们控制节奏，而好的节奏正是双方都能获得满足的关键。

网络工具使用规范

我们不止一次地提到了90后的多任务处理能力，但是你可能真的想象不到他们可以通过网络同时做多少件事。我粗略地统计了一下，至少有9项，分别是：1.搜索（浏览）；2.游戏；3.音乐（视频）；4.即时聊天；5.邮件；6.购物；7.微博（微信）；8.下载；9.交友。

对绝大部分90后来说，随时随地地把这些任务混杂在一起早已习以为常，但是他们通常忽略的是，太多的时间就在这些事情的不停转换中浪费。你几乎可以从任何一个90后嘴里听到："忙了一整天，怎么好像什么都没做？"碎片化的生活正在大量蚕食年轻人的时间，网络便捷带来的效率提升远远赶不上浪费。因此，为新员工确立网络工具的使用规则就成为管理90后的一个新课题。

对于上述 9 项内容，管理者需要首先将它们正确分类，然后再设置不同的管理标准。我的方法是将它们分为三大类：A. 必备工具；B. 时间杀手； C. 辅助应用。对应的管理方式分别为：允许、禁止和指导使用。

其中应该被允许使用的必备工具包括搜索（浏览）、即时聊天和邮件三项。我观察到很多组织在搜索和即时聊天两项上经常犹豫不决，政策反复。尤其是即时聊天工具，之前被很多组织屏蔽，后来又不得不放松监管。在网络搜索与即时沟通已成为主流工作方式的今天，禁止不但不能提升工作效率，反而会引发员工的负面情绪和更大的效率损失。所以，组织应该在设置有明确的行为规范的前提下，全面允许网络必备工具的使用。

在工作中应该被绝对禁止的是游戏、购物和交友，我们称为"时间杀手"。很多的研究都已明确显示，它们是工作场所中时间浪费的主要源头。我们可以把每个人的有效时间视为蓄水池中的水，而网络游戏、网络购物和网络交友行为则是隐藏在蓄水池底部的三个漏洞，如果不能首先将这些漏洞堵上，再完美的工作计划和时间管理技巧也都是空谈。毕竟我们都有经验，时间在这样的活动中流逝得有多快。

帮助 90 后堵住这些漏洞，还会有助于创造一些不同的体验。用从这三项活动中省出的时间从事更有意义的工作，会使时间的使用变得更集中、更完整，进而引发员工对工作更深入地思考和更细致地操作。而由此带来的成就感可能是90后人生中从未体验过的。因为，已经习惯于碎片化生活的他们，可能已经很久没有用整段的时间来认真地干一件事了。

因此，对于"时间杀手"的管理必须采取"零容忍"政策，坚决地把漏洞堵住。你可以通过允许他们阅读与工作相关的书籍或是增加外出工作机会的方式帮助他们度过开始的困难期，但是一旦他们感受到不同，并逐步养成习惯，他们一定会很珍惜这样纯净的工作环境，并发自内心地感谢你。还有，不要忘了"以身作则"是管理他人的前提。

音乐（视频）、下载和微博（微信）的使用，会不会对工作产生影响，大家的认识普遍比较模糊，相应的管理政策也容易走极端。我把这三项归为辅助工具，他们对工作既有帮助又有影响，因此应该在组织制定有明确规则的前提下，指导员工使用。

首先是音乐和视频，曾有很多管理者倾向于全面禁止，我对此持不同看法。我认为对于一边听音乐一边工作的行为，组织可以有条件地认可。如果我们仔细观察90后的成长历程，就不难发现这的确已经成了他们生活的一部分，在一定程度上有助于他们集中精力。但是，听音乐应该被严格限制在他们独自工作的时候，在任何团队工作、会议及需要与他人沟通的场合听音乐都是不被允许的。至于视频，唯一应该被允许的是它作为教材的时候。要知道，90后的即时学习力很大程度上依赖于网络教学视频，即学即用对组织来说也是有益的。

下载的应用范围与音乐和视频类似，完全禁止几乎不可能，更重要的是这样做会引发员工强烈的负面情绪。因此只能因势利导，允许员工下载与工作相关的内容，但同时也要明确规定严禁下载的项目，如电影、电视剧等。

令管理者最头痛的还是要数微博和微信。很多年轻员工的每日安排正是以它们为主线，有些时候工作反而成了点缀。所以看起来微博和微信也应该被列入"时间杀手"的范畴被禁止。但是，如果你真的这么做了，又会带来很多的负面影响。我们且不讨论明令禁止是否有可能实现，单就这一命令本身传达出的信息，就足以严重损害你在90后员工中的威信，以致你的其他指令也无法顺利实施。因此，我们还是应该把思考的重点放在如何在组织内引导年轻人合理地使用微博与微信，同时将它们对效率的影响降低到最小。

一家IT公司的实践给了我很大的启发：他们鼓励员工在

私人账号以外专门为工作设立一个新的微博账号，提倡员工为工作使用微博。因此，微博很快成为这个组织内最重要的沟通工具。公司官方微博作为公共信息发布平台，推送公司时讯、行业新闻、内部通知、奖惩决定；员工们则将微博作为自我展示平台，用以分享理念、交流经验、推荐学习资源。很多原本默默无闻的基层员工通过微博成为公司内的意见领袖，受到粉丝们的追捧；很多新员工用微博来记录自己在公司的成长历程，感谢帮助过他们的同事，甚至直接@老板和管理层，反映问题，提出建议。

收获最大的还是公司的人力资源部。他们的人力资源总监告诉我："以前公司也有讨论区，但一直都不活跃。微博的便利性使我们以前一直想达到却达不到的效果很轻松地就实现了。我们部门现在有专门的同事负责在微博上与员工互动，同时掌握大家的情绪动向，发现大家普遍有意见的政策我们就及时调整；感觉哪个员工情绪不对，我们就提示他的经理加以重点关注。上个月我们发现大家都在讨论一部即将上映的电影，于是公司就安排全体员工集体观看了这部电影的首映，而这次成本很低的活动却成了公司有史以来投入产出比最高的一项员工福利！这一切，要感谢微博！"

感谢微博，也感谢他们的分享。他们的实践让我们看到任何工具本身都是中性的，决定效果正向还是负向的根本因素是"人"。作为管理者，我们有没有能力利用这些最新的工具服务于我们的工作？我们有没有办法让 90 后员工充分发挥网络工具的优势，更快地获得成功？

因此，面对这些时髦的工具，作为管理者最应该做的是，事先把使用规则讲清楚，同时让他们明白为什么要这样规定。在日常管理中，应该更多地使用信用管理而非强制管理，先以最大的信任赋予年轻人自我管理的空间，发现谁违反了相应的规定，再给予及时的处罚。刚柔相济、奖罚分明，如果管理者能在组织中营造出一种良性的使用环境，一定比我们用时时刻刻去盯的老办法更有效果。

轻管理秘笈

如何帮助90后尽快成为合格员工？

① "准父母"式管理：善用正式和非正式沟通帮助他们完成职业化转变

淡化权威

强化边界

软化冲突

① 工作首日管理：
A. 用好"导游"
B. 建立"职业心锚"

② 处理好"期望值"：
A. 不能泼冷水
B. 不能任其自生自灭
C. 不能无所行动

① 一次做好一件事：帮助他们控制好节奏
② 网络工具使用规范：允许、禁止、指导使用

轻管理策略

有心有法，疏导转化

"迟早有一天我会买下这家公司,然后我要做的第一件事就是让你走人!"

和而不同：
如何让 90 后乐于接受你的管理

有位律师最近有点尴尬,他被借走的一名助理在项目结束后说什么也不肯回来了。"如果一定要调我回去,我就不干了!"这个助理说得很坚决,一点也没给自己的老板留面子。

而向他借人的那个合伙人同样也很尴尬:"虽然我也想留他,但是这种状况我很难做到,让人感觉好像是我在背后指使。其实,这样的事今年已经不止一次了,都是些新来的90后……我想他们可能只是更适应我的管理风格而已。"

威与信：过时的绝对权力

这是我在调研中遇到的一个案例，律所的领导认为那个男孩有培养前途，最终满足了他的要求。我问这个年轻人对前后两任领导如何评价，他说："其实我的前领导非常有能力，就是做事太霸气，所有和他一起工作的人整天都提心吊胆，小心翼翼。那些来了五六年的前辈们在他面前依然要谨小慎微，就是因为他总不给人面子。我看到有个师姐好几次哭着从他办公室里出来……我现在的领导级别没他高，但是为人很随和，从来不强迫我们做什么。关键是他懂得什么叫幽默，我们大家可以像朋友一样相处，所以现在我们所里的年轻人都希望能和他一起工作……"

我又问他是如何说服老板同意他留在新团队的，他说："我就是让大领导想了想两种不同的状况：如果让我留在老团队，以我的个性，遇到不公平肯定会直接表达，绝对不会逆来顺受，所以难免要和领导针尖对麦芒地顶，势必会给所里添不少麻烦。但如果让我去新团队，因为我服气那个领导，肯定就会少很多摩擦，这样我也能集中精力踏踏实实地把工作做好，为所里多做贡献！"最后他还特意补充了一句："其实我这么做也是为了我的前领导好！"

和90后接触越多，我就越佩服他们的率真和勇气。我在初入职场的时候也遇到过类似的问题，那时候的我虽然也有想法，但通常都会选择先压抑住心里对领导不敬的冲动，然后再慢慢寻找一些看似合理的理由来安慰自己。

然而，90后不愿意再像当年的我们那样委屈自己，他们会毫不犹豫地直接表达自己。而这种表达常常会刺伤一部分管理者，并引发管理者与被管理者之间的激烈冲突：管理者通常认为自己拥有合法命令下属的权力，而90后员工则需要先认可你拥有足够的威信，然后才愿意接受你的管理。否则，纵使你有再高的职位也难以让他们驯服。

轻管理策略：存威立信，重在疏理

"藐视权威"是 90 后的一个鲜明特征。无论是面对经理还是 CEO，他们在沟通中都不会发怵；对于工作指令，他们会首先加以判断，认为合理的才会接受；在工作中，他们习惯用自己的方式去解决问题，前辈的经验对他们来说充其量只是多一种参考；而遇到矛盾和冲突，他们通常都会选择直面，不会慑于权势就"言不由衷"或"欲言又止"。

这种特征的形成是多方面因素综合作用的结果，其中有两个因素比较关键。一是我们在上一章提到的 90 后的"非正式交往倾向",他们习惯把所有的社会关系都简化为朋友关系。在家里把父母当作朋友;在学校把老师当作朋友;自然的,他们踏入职场,进入组织也会把领导当作朋友。很多时候,他们不是看不起你这个领导,而是在用与朋友相处的方式和你相处。

二是90后对权威的"藐视"也体现了他们对"控制"的反抗。90后身上最深刻的代际特征就是他们代表着前象征文化,代表着一种新的权威,对于任何旧有权威的控制行为,他们都会不遗余力地进行反抗。因此,在正式的讨论开始之前,我们有必要认真反思一下组织、权力与关系的现状。

虽然时代不断前进,商业环境也在发生着深刻的改变,但毋庸置疑的是,中国绝大部分企业组织还保持着控制型组织的基本形态。控制型组织的核心特征是通过高度的集权来保证组织安全和效率的最大化。在中国改革开放的前30年里,控制型组织取得了辉煌的成就,尤其是那些以军事化管理著称的高度控制型组织,如华为和富士康,他们都以惊人的速度成长并跻身于世界500强。

而今天,管理者应该清醒地认识到,控制型组织已越来越缺乏效率,也越来越不安全。我们必须承认,90后所引发的管理问题,其核心正是源自组织的过度控制,前面讲到的很多案例都证明了这一点。而令人遗憾的是，组织面对这一明显的矛盾时，显得既无"知"又无"觉"。面对年轻员工渴求"公平"，要求"对话"的诉求，他们往往会习惯性地选择拒绝。

有控制型组织的存在，就有强势的领导、森严的等级制度和绝对的服从。因此，很多管理者往往只注重绝对的权力，而忽略了权力的合法性除了组织的授权以外，还需要有下属的支撑。当员工屈从于等级制度并表现出对指令的绝对服从时，组织表面上看起来风平浪静，但水面之下却暗流涌动。长期以来，基层管理者大多是从一线的优秀员工中成长起来的，虽然他们都是操作的高手，但未必是管理的人才。在控制型组织中问题不大，管理者只需要把"事"做对就好，因为在绝对权力的逻辑里，人是没有个性的，他们只会服从。而当90后以"新的权威"形象出现时，冲突就会成为必然。

在组织中，关于"服从"的矛盾从来没有像今天一样激化。年轻人要求组织为他们的需求而改变，而管理者大都只能理解"因客户而改变"，而对90后的要求漠然置之甚至表现出愤怒。而实际上，习惯使用强制性权力的管理者也的确没有能力来满足这样的需求。

与强制性权力共生的是支配—从属关系，在绝对的权力面前，管理者会成为必然的主宰，而被管理者则只能成其附庸。

中国人被认为有着全世界最强的忍耐力，就是长期处于支配—从属关系中的结果。

控制型组织、强制性权力、支配—从属关系，虽然有很多管理者对这些词本身并不熟悉，但在每天的工作中熟练运用的并不在少数。而这些，正是造成90后员工们不愿意接受管理的根本原因，就像那位律师遇到的情况一样。

你可以抱怨现在的年轻员工缺乏基本的职业素养和良好的工作习惯，但是你也不能忽略90后并不是在老一辈们所期望的传统环境中长大成人的。管理者需重新认识的是：90后要求的，是一种短期—交换关系。

所谓的"交换"不仅仅是简单的物质交换，"我干活，你给钱"。它的核心是在一种更趋平等的劳资关系中所体现出的价值交换。在这样的诉求中，劳动者不再是单纯的指令接收方，员工的目标不再只是"为企业而献身"。他们首先考虑的是："如何利用组织平台来实现个人的目标"，之后才会轮到"组织目标的实现"，而价值交换的关系就在这样的背景中建立。90后是否愿意接受你的管理，取决于你能够为他们个人目标的实现贡献多少价值，无论是资源上、技术上还是心理上。

"短期"代表着他们缺乏足够的耐心。曾经有一位社会学家将关系定义为"一种基于远期的互酬"，有些人认为这个曾经经典的定义,在当今的时代已失去了它的普适性。而我认为,区别仅仅是在90后的词典中,"远期"的长度与我们通常理解的不同。毕竟,成长在这样一个高速变化的时代,你很难要求他们去思考两三年或是更久以后的事情。

由此可见,这种新型关系要得以建立和发展,其前提是员工能够在一开始就迅速建立起对管理者的信任,相信管理者有意愿、有能力帮助他们实现个人理想。反过来说,也只有这一步率先实现,管理者才能够让90后员工自觉自愿地接受管理,并最终实现团队和组织的目标。

因此,在管理者与90后员工接触的初期,建立"信任"要比树立"权威"更加重要。因为在新的关系模式中,"威严"不再是"权力"的产物,而是基于"信任"互动的结果。"威严"也不再是强迫被管理者接受管理的工具,而是被管理者出于尊重而赋予管理者的一种权力。

接下来需要调整的还有管理者的思维模式。在绝对权力中,管理者通过等级制度来抑制下属的个性思考,以此来保证他们的绝对服从。此时,管理者追求的是一种高度统一、频率共振的"谐"的状态。虽然这种方式在相当长的时期内保障了组织的效率,但是在激烈的代际"战争"面前,组织维持单纯的"谐振"状态已不太可能。

在与90后的相处中，"和"变得至关重要，但是究竟有多少管理者在心里意识到了这一点？很多人的认识只是停留在口头上，就像那些被我们经常挂在嘴边的词汇一样，"和谐"被重复的次数越多，我们就越容易忽略它的含义。如果你理解了"谐"代表着"相同"，那么就不难理解"和"代表的是一种"不同"，正如孔老先生所说："君子和而不同，小人同而不和。""和"与"谐"虽然都是通往统一的路径，但是显然，90后更愿意接受"和"，他们希望管理者能够以更开阔的胸襟面对更趋多样性的世界，接纳他们的不同，以包容实现统一。

与"和谐"类似，需要我们更全面地理解的词汇还包括"管理"。管理者善用的是"管"，而通常忽视了"理"。"管"即"管束"，它的能量是向内的、收敛的，"管"的核心是"控制"；而"理"有所不同，它原指玉石的纹理，后由"将玉打磨成器的方法"引申为"按事物本身的规律或依据一定的标准进行加工"。"理"的能量向外发散，它的核心是"疏导"。如果我们把当下的年轻人视为璞玉，那么帮助他们成器的最好办法就是"疏理"。

以"信"为基，以"和"为础，以"理"来构建上层建筑。

让90后乐于接受你的管理，困难不在于用什么样的方法，而在于管理者内心的改变。我认为90后将要冲击的仅仅是那些习惯控制和绝对权力的管理者，而对那些本已善于沟通与疏导的领导们，90后不但不会给其造成困扰，反而会让他们的管理变得更加轻松。

没错，就是"对人不对事"

很多管理者习惯"对事不对人"，每遇到需要批评下属的场合，总会事先声明：我现在是"对事不对人"。这句话的言外之意是：我的批评是客观公正的，不带任何个人感情色彩。而在我看来，这是管理者缺乏必要的管理"人"的自信表现，这相当于你在对下属说："我不知道该怎么管理你，我们姑且把事情做对就行了。"

长期以来，"对事不对人"的思维方式一直被奉为金科玉律，却也一直限制着管理者的思维，制约着领导力的发挥。我们可以假设一个场景：一个新来的员工搞砸了一项工作，你判断他是由于经验不足，所以手把手教给了他正确的方法。可是没过多久，同样的情况第二次发生，你认为他是不够熟练，所以又教了他一遍。不幸的是，过了一段时间同样的错误再次发生，那么，现在的你该如何判断？如何处理？

员工犯错误在本质上只有两种原因：一是方式方法有问题；二是在心态上存在障碍。问题的初犯，方法可能是主要原因，但是如果员工重复地犯同样的错误，那只能表明他心态上存在问题。而"对事不对人"的逻辑只能"改错"，无法"正心"。随着90后员工的增多，由代际差异引发的员工心态问题会迅速多起来，这时候，"对事不对人"的思维方式就会显得力不从心。

由此看来，面对90后，管理者需要改变思维模式，换一个角度"对人不对事"。90后的学习和记忆能力都很强，尤其是即时的、短期的。所以，以我的观察，如果他们总是重复地犯相同的错误，那么基本上都是有意的，这只能说明他们不愿意被你管理！要解决类似的问题，我们必须把焦点放回到"人"的身上。当然，这首先需要管理者具备从心态层面指导员工的能力。

"对人不对事"的逻辑在管理中体现在两个方面：一是"焦点在人"；二是"焦点在外"。

首先是"焦点在人"。我印象很深的是曾经的一个客户，那是一家民营企业，公司老板每年在培训上的投入不下几百万元，但是他一直有一个困惑："为什么我们的干部知识越多越反动？"我问他此话怎讲，他说："就比如我们的行政总监,本来她在高管团队里是能力最弱的,去年被我送去读了EMBA,能力倒是有些进步,不过脾气也越来越大。以前她和各个部门相处得都还可以,读完书反而开始与很多部门闹矛盾,本来弱势的她变得越来越强势,搞得很多员工私底下说我是'馋嘴巴进药店——自讨苦吃!'"

由于项目的原因,我与他们的团队有长时间的接触,对这个行政总监也非常熟悉,从我的角度看,这件事完全有另一种解释:这个行政总监是跟着老板打天下的元老,从秘书一步步做到今天,她的能力自然没有她的忠诚度高。随着公司迅速扩大,公司高管团队内也出现了新、老两个阵营,老人们觉得新人太功利,缺乏责任感;新人们觉得老人们思维太狭隘,能力也不行。

行政总监作为"老人团"的代表,一直以来都与新高管们有冲突,只是由于能力的弱势,一直隐忍而没有大动干戈。而EMBA的学习则是矛盾激化的转折点,系统的学习赋予了她正面冲突的自信,表面上她用学到的理论和模型与其他高管展开工作的争论,实际上她是在释放多年来压抑在内心的负面情绪。

所以,问题的核心是公司老板一直抱着"对事不对人"的思维,简单地认为对人的培养就是能力的提升,而忽略了他们在心态层面存在的障碍。如果不能首先做到"焦点在人"，找到问题的根源并加以引导，把每个团队成员的能量方向调整一致，那么单个成员能力的提升、能量的增强很可能只会加重团队的内耗，而非绩效的产生。

其次是"焦点在外"，就是要求管理者把关注的焦点从自己身上移开，真正转移到被你管理的员工身上。为什么很多时候我们给员工的批评和建议得不到他们的认可？那是因为他们能感觉到你是有所求的，就好像父母们经常说："我们要你这么做还不都是为了你好！"而子女们从这番话中却很容易发现"虚荣心和父母自身愿望的影子"。

一个事业单位办公室的主任，他手下的一名90后跑来找他，说要参加单位里组织的岗位竞聘。从内心里，他不希望这个孩子参加，也不认为他有能力竞聘成功。但他最终还是被这个年轻人的执着和热情所打动，想到自己也曾年轻过、冲动过，他给予了这个下属几点发自肺腑的建议："首先，以我的经验，你能成功竞聘的可能性几乎为零，但是既然你下决心去试，那么就要在我说的几个方面多做一些准备；其次，你去参加竞聘，单位里肯定少不了风言风语，一定会传你是不想在这个部门待了，不想跟着我干了，这个你不要顾虑，既然我同意你去，这个压力就由我来顶着；最后，既然选择了拼，就要拼出风格，拼出气势，拼出水平，要对得起自己的选择！"

最终，虽然这个年轻人还是没能取得成功，却意外获得了此次竞聘的第二名，他不带任何遗憾地回到了原来的工作岗位，并迅速成长为部门的骨干。谈起自己的进步，他说得很真诚："是领导的无私让我明白了，在这个岗位上我同样可以创造奇迹！"

成为一个教练型管理者

管理者要有能力排除员工心态上的障碍，就需要使用教练技术。虽然20世纪90年代它就已经被引进中国，但直到今天还不被大多数管理者所熟知。其实，90后大规模进入组织，为教练技术在中国的全面普及创造了重要的条件。因为，面对90后，每个管理者都需要从发令者转变为他们的教练。

教练是这样一群人：他们通过一些专门的技术来客观反映被教练者的心态，激发被教练者的潜能，帮助被教练者及时调整到最佳状态并创造成果。教练与通常的管理者扮演的角色不同，他们要做的是让被教练者去夺得奖牌，而不是他们自己。

教练不是老师，他不会告诉你问题的答案，他甚至不一定要比被教练者懂得更多。这也的确符合管理者面对的现实，与泡在信息里长大的 90 后相比，我们每天接受的信息肯定没他们多。

教练不是顾问，他不提供解决方案，而是引导被教练者自己去发现。这一点也符合 90 后的胃口，他们希望接受的不仅仅是明确的目标，而相应的工作态度、工作方法和解决方案，他们更愿意自己搞定。

教练也不是心理医生，他不会去平复你的情绪，而是让被教练者自己管理情绪。教练不会和你一起流连于你的过去，他们只会不断地挑战你，让你聚焦于自己的未来。

总之，当你以"对人不对事"的视角，从员工的心态入手，以信念的改变为目标时，你所扮演的就是"教练"的角色。

在教练理论体系中，一个合格的教练需要同时具备四种技能，分别是聆听、发问、区分和回应。我在这里引用梁立邦先生所著的《企业教练：领导力革命》中的定义：

聆听：聆听被教练者说话背后的出发点、事实与真相、感受、情绪。聆听者的态度是忘我的，抛开自己的态度和看法。

发问：通过发问发掘被教练者的心态，收集资料，让对方找到自己的方法去解决问题。发问的态度是中立的，有方向的也有建设性的。

区分：厘清事实与演绎，避免含混，让被教练者了解自己的心态、固有信念和处世模式。

回应：回应是一种强有力的工具，让被教练者清楚自己的实力和弱点。回应是方向直接的、明确的、负责任的和即时的。

一个完整的教练过程由以下四步组成：厘清目标、反映真相、迁善心态、行动计划，它们是一个首尾相接的闭环。

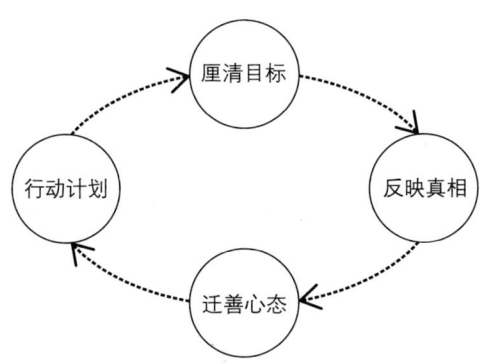

那么教练技术如何能够帮到管理者呢？我说说发生在我自己身上的例子。当我刚刚成为一名管理者时，面对管理我心中有很多困惑。比如，我不知道该如何批评下属。有时候是自己碍于情面，怕打击下属而不好意思开口；有时候是担心如果对方不接受，自己会没有面子。

就在这个时候我有幸接触到了教练技术。通过学习，我认识到所谓的"批评"是一个帮助别人"反映真相"的过程，教练就像一面镜子，能真实、完整地将被教练者自己忽视的真相客观地反映出来。所以真正的"批评"需要我们怀有一颗"贡献"之心，将自己的发现真诚地贡献于他人。就在那一刻，我发现自己不再害怕去批评，相反，我从中体会到了意义与成就感。

其次，在"反映真相"的过程中，也需要使用好教练的四种技术，尤其是区分和回应。以前我批评员工，经常要绕很大的圈子，做很多铺垫，或者到最后索性以建议代替批评。这种含蓄、隐晦的方式往往使问题变得更加复杂。而当我有了第一次即时、真诚、直接的回应体验后，那种能量释放后带来的轻松、愉悦的快感是我从未感受过的。同样的，如果被教练者能够体会到你的焦点在他的身上，你在发自内心地贡献于他的时候，他也能从你的回应中收获一种深深的感动。

增强区分能力能够帮助管理者更好地回应，就像刚刚我们区分的"和"VS"谐"，"管"VS"理"。在日常的管理中，我们也需要不断提升自己的区分能力。之前我批评员工的时候会时不时被他们带偏，明明感觉他们是在强词夺理，却没有能力矫正回来。其实员工通常的混淆难逃两个方面："事实"VS"演绎"，"目标"VS"渴望"，这两个区分都在信念层面，学会聚焦这两点，就能迅速地把我们从是非对错的表象争论里解放出来。

  10 年来，我个人从教练技术中受益良多，同时我也见证了许许多多的管理者由于掌握了教练技术而脱胎换骨。希望这段简略的介绍可以为大家打开一扇窗，使越来越多的管理者走上教练之路。

给他们一点真正的权力

一个 90 后问他的领导："我必须听谁的，我又可以不听谁的？"显然，他在用另一种与我们不同的视角来看待权力。90 后更现实，他们想在一开始就摸清组织内的等级结构，找到实权领导。他们想知道谁掌握着资源，谁又可以帮助他们成功。

90 后对权力的渴求，源于他们所要争取的权利。无论是"摆脱控制"还是"平等对话"，他们所争取的一切都是颠覆性的，组织不可能自觉主动地予以满足。他们要想取得成功，就必须拥有必要的权力，至少也是在一定范围内的"自治权"。

为此，那个 90 后继续追问："我只是想搞清楚自己在组织里处于什么位置，我要知道我应该听谁的，我只需要听谁的，我有没有自己的领地，在我的领地里我有什么权力。"他认为只有先弄清这些问题，他才可以自由发挥，充分展示自己的实力。

事实上,他们并不贪心,他们并非觊觎你的位置和权力,他们只是想给自己划出一块自留地,让一些事情可以按照自己的想法和节奏发生。这样的想法非但对管理无害,若善加利用还会大大提升管理的效率。所以,管理者应该好好思考,如何赋予90后一些真正的权力。

我所说的"真正的权力"并非是口惠而实不至的承诺,也不是用来搪塞而假装的游戏。我观察到很多管理者一面口口声声地对下属说:我非常信任你,你就是我的左膀右臂!一面却又整天安排他们帮自己办私事,不是发快递就是买东西。如果说这也算是一种非工作特权,也许前面几代员工可能会很享受,但这绝对不是90后想要的!

对于90后来说,现实的权力就是获取资源、控制进度、自主地开展工作。在他们工作的初期,管理者的赋权行动可以分三步展开:1.通过转借你的部分权力帮他们完成工作;2.确保在一定的范围内他们的工作不受干扰;3.教会他们如何从你这里获取资源。

首先,对于一个新员工,完成任何一项任务都面临着太多的不可控因素。他们可以加班加点,却可能因为无法从其他同事、部门或者是供应商那里获得必要的信息而一筹莫展。

这时，为了帮他们完成任务，你需要转借你的部分权力。你要明确地告诉你的新员工，这项工作为什么重要，为什么紧急，谁在等待结果。你要授权他们如果再遇到类似的阻力，他可以直接和对方讲："如果你觉得我的级别不够，我可以让我的领导给你电话，或者是我领导的领导，直到你愿意配合为止！"

其次，有时候不同的领导会同时给一个新人布置工作。我曾经有一个部门助理，有段时间每天都看到他在办公室加班到很晚。有一天我临走的时候问他："我布置给你的报告写得怎么样了？"他满脸疲惫地摇摇头："李总前天给我布置了一个活儿，要得很急！"我说："你没告诉他你在做我的报告吗？"他很无奈地回答："我跟他说了，但是他说这个工作更重要，要求我马上就做！"

我能理解他的处境，他对任何领导布置的工作都没有能力拒绝。他不希望得罪任何领导，只能通过投入更多的时间来完成任务，但这样做的结果通常是哪个工作都做不好。所以，这时候管理者必须伸出援手，赋予他们一些基本的权力。告诉他们，再遇到类似的情况，有三件事他可以做：首先，告诉那个领导你正在为我工作，而且必须在一个紧迫的时间节点前完成；其次，明确地表达有关任务的任何事情你无权做主，请那个领导与我当面沟通；最后，第一时间把情况通知我。管理者这样做对年轻员工来说是一种强有力的支撑。在工作的初始阶段，让他们自己去评估任务的优先度是不公平的，这是你应该做的事情。

最后，要教会90后如何从你这里获得他们想要的资源。管理者抱怨90后要求太多，而我觉得这正是管理的机会，一旦你知道他们想从你这里得到什么，你就获得了与他们公平交易的筹码。如果一个90后说：我任何时候都不想加班，那么你可以告诉他，你同意的前提是他在工作时间里不做任何与工作无关的事情。如果一个90后想尝试一个新的岗位，那么你们首先要就"他在什么时间内把现有的工作做到什么水准"达成共识。

充分赋予90后要求的权力，关键是要让他们理解：想要得到资源和帮助，他们自己首先要做到什么。如果是重要的资源，则需要他们在认真地思考后提交一份报告：为什么需要这些资源？这些资源的投入对团队和组织有什么好处？如何有效地利用这些资源？具体的行动计划又是什么？建立一种良性的互动，让90后意识到不应该轻易地提出要求，但同时，那些他们经过深思熟虑提出的要求也不会被管理者草率地对待。

赋予 90 后一些真正的权力，让他们能在自己的语境和节奏中工作。帮助他们集中于你们达成一致的期望，这样，就能更好地发挥他们的主观能动性，也让他们更乐于接受你设定的框架。在你支持他们的同时，他们更好的工作表现不也是对你工作的支持吗？

变"潜规则"为"显规则"

在广州的一堂公开课上,一位企业的人力资源总监和我分享了一个案例:"我们部门的一个90后,上个月安排他出差,他死活不肯去,我问他不去的理由,他的回答是:我女朋友来例假了,我要在家照顾她!"

我问这个总监是如何处理的,他说:"当时听到这个理由我立刻就被'雷'倒了,脑子停顿了好半天,最后只能调侃了他一句:你这个理由还真是够特别的!"估计大多数管理者遇到这样的情况也会突发性大脑空白,这些对于老一辈们来说打死也不会当作理由的理由,他们很奇怪为什么90后可以理直气壮地说出来?

我们发现,90后好像每天都会触碰到办公室里的潜规则。

这些潜规则约定俗成，长期以来被职场人士当作行为的底线。它们与组织的规章制度无关，大多集中在职业操守或工作习惯的层面。之所以成为潜规则，是因为大家觉得没必要把它们明确地说出来，每个人都是照着前辈们的样子一步步做下来的。

90后不是有意打破这些潜规则，他们是真的不了解。很多90后在他们生命的前20年中并没有接受过系统的规则教育，很多时候他们并不清楚在一个组织里他们行为的边界应该在哪里。这就要求管理者将办公室里的"潜规则"变为"显规则"，明确地提出你的要求，即使是那些在你看来简单得不能再简单的常识。

首先，要告诉他们的是，生活和工作是两码事。你会发现90后好像有一万个理由可以证明他们的确需要早走一点，他们会说：今天是周末，早走会儿就不堵车了；好像要下雨了，可是我又没带伞；我今晚要去参加排练，得早点走；我妈给我安排了一个相亲，我得赶过去；我室友没带钥匙，我要回去给他开门；我姑姑来看病，我得去火车站接她；我想周末旅行的时间长一点，所以我得坐今天下午的火车走，如此等等，一些90后会觉得这些理由很正当，如果你不同意，他们甚至会反驳："这是我的生活，和你无关！"不必生气，此刻你需要冷静、直接地回应他们:"你的生活是你的事,我不想干预。但是你必须明白,任何时候你的生活都不能成为影响工作的理由。现在是工作时间,你必须像其他人一样遵守最基本的规矩。"

其次,要让他们明白情绪也不仅仅是他们自己的事。有位经理一早把他的秘书叫来布置工作,说着说着发现对面的这个90后姑娘完全心不在焉,两眼迷离地望着窗外,他估计她是因为昨天玩得太晚,睡得太少影响了今天的精神,就没忍住凶了她两句。没想到说得这女孩眼泪掉了下来,而且越哭越伤心。经理有点儿慌了神,小心翼翼地问她怎么了,女孩泣不成声地说:"我的猫死了!"

90后很单纯,他们从来不掩饰自己的情绪,让人一眼就能看出他们今天是快乐、悲伤还是忧郁。但问题是毫不掩饰的情绪会影响到组织里的其他人。这需要管理者预先给他们设置明确的边界:"在工作环境里,你们需要调适自己的情绪以满足职业的要求,以平静、愉快的心情开始一天的工作,过度的兴奋和过度的负面情绪都应该被避免。只有你们更多地考虑到别人的感受,别人才会更愿意来关心你们。"

最后,是基本的着装和礼仪。如果你不希望男孩穿得太个性或者太不修边幅,不希望女孩穿得太性感或者太随意,那么就要把你能接受的限度直接地告诉他们，而不是打发他们去查员工手册。如果你不希望他们叫你"老大"或是别的什么，那么就把你希望他们对你的称呼明确地告诉他们。总之，不要简单地认为这些都是他们应该知道的，把这些规矩明确地说出来对双方都有好处。

需要注意的是，不要设置太多的规则，否则规则就会失去意义。同时，也不要因为你讨厌谁就额外设置一些规则，以至于规则失去其合法性。预先把你觉得所有必需的规矩列明，把它们变成"显规则"，把这些规则明明白白地摆在 90 后的面前，相信他们最终能够接受：这是我们大家公认的底线。

轻管理秘笈

如何让90后乐于接受你的管理?

① 成为教练型管理者:
    A. 教练的四种技术
    B. 教练的四个步骤

② 给他们一点真正的权力:
    A. 转借你的部分权力
    B. 确保在一定的范围内他们的工作不受干扰
    C. 教会他们如何从你这里获取资源

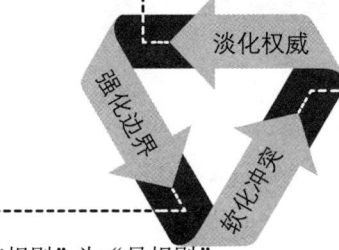

对人不对事:
    A. 焦点在人
    B. 焦点在外

变"潜规则"为"显规则":
    A. 生活和工作是两回事
    B. 情绪不仅仅是他们自己的事
    C. 基本的着装和礼仪

轻管理策略

存威立信,重在疏理

"虽然我没完成任务,但你不能否认我的工作方法还是很有创意的!"

融化自我：
如何让 90 后有效自我管理

又到了每个月绩效面谈的时间,一位财务经理为了让自己部门一名排名倒数的新员工深刻认识到自己的不足,提前把问题写满了一页纸,并预留出了一个小时的时间准备谈完之后和他一起制订一个改进方案。

她深知90后对批评的抵触,因此特意选择了迂回战术,从他的优点说起,细数了他的进步,一路小心铺垫,刚要转向正式的批评,没想到对面的员工却抢先开了口:"领导,其实不用您说我也知道我自己很优秀!这个月我的绩效是差了点儿,那是因为我没在状态。不过您也不必担心,我要想做好的话那是分分钟的事!"

高与低：如何看待自己，决定如何自我管理

本来准备充分的经理听到这样的辩白一下子感到信心全无，她突然觉得自己再多说什么也没有了意义，一个根本不认为自己有问题的人，如何能听进别人的意见？她想不通为什么现在的年轻人都这么的自以为是。

在我的研究中，我经常问的一个问题是："你觉得你的个人能力在同龄人中排在什么位置？"90% 以上的 90 后认为自己的能力处于平均水平之上，有三成左右的回答者认为自己在同龄人中属于最优秀的。

当然，过高地估计自己的能力本身就是人类普遍存在的一种认知偏差，这被称为"杜宁 – 克鲁格效应"。它是指能力不强的人反而更倾向于高估自己的能力，无法认知他人的真正水平，无法认知且正视自身的不足，以及不足的极端程度。

然而问题是，我近 3 年来针对 90 后群体采样的结果要比

克鲁格教授和他的同事们在 20 世纪 90 年代在美国采集的数据更加极端，我的基本结论是：在我们的 90 后群体中，高估自己的现象更加普遍，也更加严重。

那么自我高估与自我管理有什么关系呢？在第一章中我们讲到，价值观反映的是"我"与外部世界的实力对比，对"我"的认知直接决定了在关系互动中我们会如何选择、如何行动。自我评价的客观性，决定了我们自我管理的方式与强度。90后员工普遍性地自我高估，导致了过度自信，使他们自我管理的意愿不强，自我约束的能力很弱，难以达到组织和管理者的期望。因此，在自我管理方面，年轻员工与管理者之间存在的首要冲突，不在意愿和方法，而在认知方面的差异。

轻管理策略：站高一线，善用团队

为什么 90 后更容易自我高估？在我看来至少有三方面的原因，而这些原因都具有鲜明的时代特征。

首先，最大的影响源自独生子女政策。从 20 世纪 70 年代开始推行的计划生育，到 80 年代末才得到了相对全面而严格的落实。尤其是在城镇中，90 后基本都是家里唯一的孩子。家庭子女数量的减少，在改变家庭经济结构的同时，也在改变着家长们的心理。"一家一孩"促使众多家庭将全部的关爱和期望都寄托在唯一的孩子身上。同时，子女的唯一性也无限放大了"家庭风险"，无论孩子遇到何种危险都有可能给这个家庭带来不可挽回的损失。各种各样的社会事件不断牵动着家长们紧张的神经，超过 1500 万"失独家庭"的不幸更加剧了人们心中的不安全感。因此，对孩子的百般呵护就成了再自然不过的事情，并同时引发了家长们的两种倾向：过度关注和过度保护。

这样的行为从 90 后一出生就与之相伴，并在他们的成长过程中不断积累、加深。从孩子们被灌输"我需要被关注和保护"，到他们慢慢觉得："因为我聪明、我漂亮、我可爱、我乖，所以我应该被关注和保护。"到最后他们发觉："我是家里最重要的人，为什么我不应该受到关注和保护？"从这个角度看，是家长的过度行为导致了 90 后自我认知的错位，并在过度的自我关注中不自觉地引发了"自我高估"。

其次，在于教育。随着世纪更迭，教育理念也在发生着改变，从强调"共性"转为提倡"个性"。个性教育鼓励"独特"与"自尊"，十几年过去了，过度的"独特"与"自尊"除了让孩子们平添了一些毫无理由的良好感觉之外，并没能实现教育改革的初衷。实际上，我认为所谓的"个性教育"和"自尊教育"从一开始就注定难以成功，因为它们都只是教育体制应对独生子女冲击的被动选择。

"个性教育"的热潮源于 20 世纪 90 年代末兴起的"择校热"。不可否认家长对孩子的高期望推动了校内外"个性教育"的发展，但其实质是"利益驱动"。优质教学资源的稀缺，使得这部分资源在分配过程中，越来越多的非教育因素掺杂其中。而所谓的"个性教育"就成了其中的一条捷径。在这些以"兴趣"为名的辅导班中,并没有多少人真的在乎孩子们是不是有兴趣,而大多数成年参与者关心的只是如何让孩子们顺利取得证书,证书对升学和择校有多大的帮助。"个性教育"的最大成就不是帮助一代人建立起了"完美的个性",而是催生了一个庞大的教育产业和数十家在海内外上市的教育集团。

同样,"自尊教育"与"自尊"无关,其背后反映的是老师们正在逐步丧失的权威。越来越多的老师不再敢批评学生,担心会伤及他们的自尊;很多学校的考试打分从百分制改为了 ABCD 评级,公开的成绩排名也变得越来越谨慎;在高校里,我听说有些学院的院长三番五次地和教授们沟通,希望他们在论文答辩中不要"过分严格",因为他们很担心那些毕不了业的学生会成为下一个"跳楼者"。当老师与学生之间的关系从教学相长一步步沦落为服务与消费,那么以上的所有改变就都不足为奇:为"消费者"创造更好的消费体验,同时也要保障"服务者"自身的"安全"。只是这一切,都与"自尊"无关。

个性不会使人优秀,相反,优秀的人都很有个性;自尊不会带来成就,相反,成就会带来更多自尊。因果不分,本末倒置的教育理念，造就了这代人以自我为中心、盲目膨胀的个性。

最后，是成功标准的扭曲。市场经济的一个必然结果是贫富差距的扩大。但是，如果这种趋势脱离了有效的控制，来得太快、太猛，就会引起社会价值观的扭曲。在中国历史上，从来没有一代人像90后这样人人渴望成功，虽然他们每个人心中都曾做过不同的成功梦，但当他们开始逐步接触社会时才发现，这个时代已经为他们准备了简单而实用的成功标准：当明星、做老板、挣大钱！

从"超级女声"开始，90后就已晋升为"粉丝团"的中坚力量。中国10年的选秀文化在制造"榜样"的同时，也在向年青一代展示着两条看似励志，实则贻害无穷的价值观：

1. 人人皆可成功，从草根到精英只有一步之遥；

2. 为了成功可以不惜一切代价，无须遵守任何规则。

当"成功"成了一个产业，那么个人的成功就不再仅仅与自己相关，每一个利益相关者都在自觉或不自觉地计算着自己的投入产出比。而作为"原材料"的年轻人，在强大的宣传攻势下也开始真的相信自己有天赋异禀，比之前的任何一代人都更接近成功。

"一切皆有可能"的魔咒，套在90后的头上，更箍在他们的心里。他们一边沉浸在良好的自我感觉中,一边越来越远离真实的社会。似乎他们与现实社会从来都没有接近过,或许他们更愿意沉浸在那个不真实但是很完美的虚拟世界中。无论怎样,对成功的盲目乐观和对真实世界的认知不足,进一步加剧了90后自我高估的程度。

克鲁格效应的结论是:"越弱越自负,越强越谦虚。"90后的自负不但难以成为他们获取成功的基石,反而会成为他们成长道路上的最大障碍。因此,作为管理者的一个重要责任,就是带领他们站高一线,更系统地思考。只有让他们走出狭小的自我空间,放眼更广阔的世界,用更客观的视角看待人和事,进步才会开始,良好的自我管理才成为可能。而衡量他们进步与否的标准,就要看他们是不是变得越来越谦虚。

90后集中表现的第二个认知偏差,叫作"自我服务偏见"。其含义是指人们通常习惯将成功归结于内部因素,而将失败推给外部因素。通俗一点说,就是做对的都是因为自己,做错的都是因为别人。同样,这也是人们常犯的一种归因错误,只是在90后身上表现得更为突出。

前面我们也提到过,90后习惯找各种各样的理由为自己开脱,尤其是在遇到批评时,他们外部归因的倾向就更加明显。从我的统计来看,面对绩效不佳的问题,90后认为最重要的三个原因分别是：1. 领导没有提供足够的帮助与支持；2. 工作目标不清晰，工作流程不规范；3. 其他同事的配合不足。这些理由涵盖了各种外部因素，唯独找不到自身原因的影子。

看到这样的结果，每个人都会问为什么。其实这个问题也困扰了我相当长的时间，我现在的理解是这样的：这是90后群体面对外部世界普遍性的"刻板印象"所采取的一种应激反应。

90后在主观上有着强烈的沟通与对话的愿望，但是在与年长者的沟通中，他们又会经常感到不舒服。长辈们惯于的居高临下的方式难以满足他们对于平等对话的渴求。更重要的是，那些有关90后消极、片面的"刻板印象"造成的影响，总会不经意地从长辈们的眼神和语气中流露出来，这让他们很受伤。因此，他们开始慢慢学会保护自己，习惯只与同龄人做深入的沟通。对于长辈，他们会尽量避免争论，实在无法避免的，他们也会先发制人，找出种种理由以免自己受伤。

这就是导致90后社会性需求不强，或者说社会性需求被压抑的一个重要原因。在组织中，它表现为两方面的影响：一是90后难以与非同龄人建立起紧密而深入的关系，这需要通过矫正"刻板印象"，建立"有效互动"来改善，这点我会在下一章里详细说明；二是他们更倾向游离于组织之外，坚持自我标准，我行我素，这势必会对他们的自我管理能力造成重大影响。因此，我认为最佳的应对方案是：充分利用 90 后喜欢与同龄人沟通的特点，善用团队管理，用集体的力量帮助他们提升自我管理水平。

用团队的力量化解"自我"

在一家五星级酒店，客房服务员中有不少是 90 后。这些年轻人能把客房打扫得一尘不染，而自己的宿舍却一塌糊涂。公司想过很多办法进行管理：奖过、罚过、开过座谈会，但效果都不理想。直到颁布了一项新的宿舍管理规定，才使卫生状况得到根本改观。公司规定：在每月不定期的卫生抽查中，如果哪个宿舍整体达标，那么这个月该宿舍的所有成员都可以免费住。但是，如果有一个床位抽查不合格，那么对不起，所有人都要按原先的规定交 50 元的床位费。酒店的经理说："一开始我们也没想到能有这么好的效果，其实 90 后不在乎钱。我们以前也曾规定过，卫生不合格的要交 50 元罚款，但没有效果。从这次的结果看，90 后很看重身边的同事和朋友，为了不让别人受连累，他们正开始学着管好自己。"

在上一章我们提到过一个 90 后因为女朋友来例假而不愿意出差的案例，他的总监问我有没有好的处理办法，我当时的建议也是要善用团队的力量来解决。他告诉我："这个员工所在的团队是由他和另外两名应届毕业生组成的，平时他们都是一起工作，轮流出差，相互之间配合得不错。"由此我建议："你不用纠结于他的理由是不是一个借口，直接让他回去和自己的团队沟通，要求他们自行解决。沟通的结果可能有两种：一种是，作为同龄人，团队的其他人可以理解他，愿意辛苦一下替他出趟差；另一种是，他自己考虑到这样会给同事们添麻烦，而按原计划自己去。无论是哪种结果，我们都应该相信，当他在心中把他人也作为一个因素考虑进来的时候，他会做出一个更理性的选择。"

说到这里，我要顺便谈一点绩效的问题。我注意到在当下的很多组织中，对个人绩效的过分强调已严重影响到组织的整体绩效。尤其在很多一线岗位，计件工资的比重过大表面上提升了效率，实际上却引发了更多问题，埋下了不少隐患，企业可能要付出很高的隐性成本。而当"个人绩效"遇到90后的"个人主义"时，类似的问题就会变得越发严重。

因此，我认为随着90后的加入，企业组织中会出现"团队绩效"的回归。在一家大型客机总装厂，从招聘、培训、任务分配到绩效考核、轮岗、淘汰都开始以团队为单位，他们更看重团队的整体表现，而不再鼓励个人英雄主义。基层员工每四人一组，要求他们在身体条件、操作技能、职业心理等方面都要有很高的匹配度，需要高度配合的工作性质也对他们的出勤和绩效水平提出了更高的要求。而一旦团队中有人员掉队或流失，整组人都将面临被淘汰的风险。

在一家网络公司，电话销售人员最新的绩效规定中不但规定了业绩的下限，同时也设定了上限。公司开始鼓励销售人员持续稳定地产出，而不再是一味地追求高业绩。因为从之前的实践中管理者发现：对销售冠军的一味引导和奖励，会引发部分销售人员急功近利、透支资源、恶性竞争等一系列负面影响，综合评估后公司的损失要远大于收益。

利用团队，还可以有效降低年轻员工的离职率。近几年，我们在这方面的咨询实践中积累了一些经验。比如，在一家印刷公司，原先靠"工龄工资"来维系员工的忠诚度，但是这样的"激励"对现在的年轻人几乎没有效果。从专业角度不难理解，工龄工资对于长期劳动关系是有效的，但是随着劳动关系的短期化，这样的激励无论是节奏还是力度都难以满足年轻人的胃口。

所以，针对一线90后员工的特点，我们取消了"工龄工资"，改为阶段性的"服务奖励"。改革的目标很明确，就是尽可能地降低离职率。通过调研，我们发现在这个组织中，3个月、

6个月、2年和3年是员工离职的高发时点。其中，3个月是试用期考核点，会有一部分技能和心理不达标的员工离职。而后3个时点的离职，公司的损失比较大，应该着力避免。

改变后的规定是：员工工作满6个月、2年、3年分别给予300元、800元和1000元的一次性奖励。这种改变，将引导新员工建立起更明确、更实际的个人目标；同时，奖励杠杆增强了员工离职的可预期性，使"事前管理"变为可能；再有，阶段性奖励将之前的"保健因素"彻底转化为一个"激励因素"，最大限度地发挥了这个薪酬模块的效率。

但是，光靠这一规定还不足以保证离职率的下降，还需要考虑到管理的因素。调研中我们发现，很多的离职尤其是早期离职，有相当一部分与一线管理者的工作不到位或者是不作为有关。很多的班组长和一线主管更擅长生产和质量的管理，而对管人和留人既没有兴趣也缺乏方法。有许多问题正是由于在萌芽阶段没有得到及时处理才转化为员工最终的离职。因此，在这个阶段，组织也要对一线管理者在"留人"上的努力进行激励。第二个规定是：如果一个管理者领导的新员工干满了6个月，他也可以得到200元/人的一次性奖励。这样，组织就传递出了一个具有明确导向的绩效信号，同时将管理者与被管理者的利益捆绑在了一起。

政策的落地使一线离职率明显下降。更重要的是，员工的离职不再总是突然发生，它开始一点点变得可控起来。然而，整个体系的最大亮点，却是源自一个"补丁政策"，而这又恰恰与90后的偏好有关。

在开始推行前两项政策后，我们发现：一个新员工在最初的6个月中更换班组和部门的概率很大，很有可能不止一名一线管理者带过他，那么这200元钱该奖给谁？按照通常的想法，很自然应该由所有管理过他的班组长来分享。但一方面，钱不多，再分散的话将完全无法起到激励作用；更重要的是，这将失去一次展示公司绩效导向的重要机会。我们最终的规定是：这笔钱只能奖给一个人，而决定权在新员工。他认为谁对他的帮助最大，谁就会得到这笔奖金。

这项规定得到了年轻员工的热烈响应，组织赋予了他们合法评价上司的权利，同时这种评价还会给对方造成实质性的影响。"我觉得能决定这200元的命运比我自己拿到那300元更开心！"从他们的反馈中，我们开始相信，一种和谐与博弈共生的新型关系正开始在组织中建立。

比代替他们选择更明智的，是教会他们战略思考

研究显示：90后比之前的任何一代人都更理想化，同样是在20岁这个阶段，他们更关注地球和人类的命运。有90后说："为了更好的世界，我愿意牺牲自己的时间、财富、舒适甚至幸福！"

事实上，理想主义既是一种特权又是一种负担，既可产生优势又能造成困扰。一方面，90后在找工作时会认真地研究目标公司的愿景、使命和价值观，努力寻找自己认可的组织。他们关心你的企业正在用什么样的价值标准做事。

但是在实际工作中，理想主义又会让他们看起来不够脚踏实地："不尊重长辈，不尊重权威，不尊重传统价值观，谨慎、勤奋、礼貌、诚实与他们无关。"这几乎是所有管理者对于90后员工的一致抱怨。

面对这样的问题，大部分管理者将工作重点放在了如何

纠正新员工的价值观上。他们投入了大量的时间和精力，最终发现这是一件既困难，又难以在短期内取得成效的工作。于是，一部分人因此走向另一个极端：代替90后进行判断，不停地告诉他们什么是对的，什么是错的。而这样的方式有效吗？现实可能会让一些管理者更加迷惑："有些孩子看起来很听话，但是却在工作中爆粗口，从我的桌子上偷订书机；反而有可能是那些不听话的'坏孩子'，每天都来得更早，工作更努力。"

时代在前进，权威在更迭，判断的标准也在发生改变。代替年轻人思考，帮助他们做出选择，这些都只是长辈们的一厢情愿。如何做出正确的判断？引领他们站高一线，看到事物之间的关联和相互影响，用更客观、更全面的思考指导行为才是关键。所以，比帮他们判断更重要的是，教会他们如何进行战略思考。

战略思考可以帮助我们探究问题的本源，它由三个主要部分组成：质疑、树状思维和量化指标。质疑是战略思考的原点，没有坚持不懈的质疑精神，思考就只能停留于表面，永远无法触及问题的核心；树状思维是战略思考的结构，由于它更符合大脑的生理特性，因此它比其他的思维方式更有效率；量化指标是衡量问题是否得到成功解决的标准，它避免了思维与实践的脱节。

我们应该注意到，90后并不缺乏质疑的能力。在他们努力成为新权威的过程中，对传统权威的质疑贯穿始终。然而，这其中同样存在着严重的"自我服务偏见"。他们对外部的质疑很普遍，对自己的质疑却明显不足。所以，管理者要想办法让他们看到自己的不足并主动提出来。

一位富有经验的销售经理训练下属的方法值得我们借鉴：他发现业绩不佳的业务员更倾向于为无法成交寻找理由，而他很清楚不能成交的根本原因在于业务员自身的努力不足。但是，他通常不会直接点破，而是用"剥洋葱"的方法来引导业务员自己找原因。

每次辅导下属时，他总是很有耐心地先让对方把项目面临的所有困难列举一遍，直到确认没有再需要补充的了，他才会问："你能不能告诉我最核心的困难是什么？"这个问题的讨论通常又会占用不少时间，因为他会不断地质疑业务员给出的答案，"这是一个非常重要的过程，我的严格迫使他们不断深入，再深入，直至接近问题的核心"。

当他认可了答案，他会继续问："这个困难解决了，项目是不是就一定可以成交？"如果业务员不能确定，他就会再带他回到前面的讨论。如何回答是肯定的，他则继续问：为克服这个困难，你做了什么？从这里开始，他将质疑的焦点从外部引向了内部，而这正是前面所有铺垫的目的。通常从这一刻起，触及实质的辅导过程才真正开始。当业务员终于发现并认可了自己的问题时，他会用"你接下来准备怎么做"来推动行动计划的建立，最后用"你需要得到什么资源和帮助"来收尾。整个过程中，教练技术的使用帮助他取得了更好的效果。

"找到核心问题是业务员成功的关键，而经验告诉我，核心问题永远都不在外部，而在我们自己身上。我一直在努力让年轻人看到这一点，什么时候他们学会了从自身找原因，什么时候他们就一只脚踏上了成功之路！"

接下来看一看树状思维，这是我们应该帮助90后着力培养的一种思维能力。人类的思维模式有三个层次：点状思维、线性思维和树状思维，它们分别对应着点、线、面。为了更形象地说明这三种思维模式的差别，请你跟着我一起想象以下的场景：你现在被困在一条严重拥堵的高速公路上，你迫切地想知道车行缓慢的原因。

你的第一个角色是一名司机。你坐在方向盘后，能够看到的只有前车的"屁股"。随着车流时动时停，你似乎有了结论，是由于前车司机水平太烂，总是被左右两边的车强行插队，才造成了你的车行驶缓慢。

你的第二个角色是站在路边的一名路政管理员。从你的位置，你可以看到一条闪烁着红色尾灯的汽车长龙从收费站一直延伸到你目所能及的最远处。你发现在距离收费口大约50米的地方有两辆车发生了追尾，所以你得出结论，是事故导致了车辆拥堵。

你的第三个角色是一名交警，你正乘坐警用直升机盘旋在拥堵区域上空。你俯视地面，看到的是密密麻麻的车把整条高速路变成了一个大停车场。你发现所有道路内侧的车辆都在努力向外并线，这应该是最内侧的自动收费通道发生故障关闭的结果。无序的并线造成了三起追尾、剐蹭事故，分散于不同的人工收费口附近。所以你的结论是：ETC故障导致收费站通行能力下降，大量的抢道、并线造成了车辆拥堵，并发事故又进一步加剧了拥堵程度。

作为司机，你从背后看到的是"点"，结论来自"点状思维"；作为路政管理员，你从侧面看到的是"线"，结论来自"线性思维"；作为交警，你从空中看到的是"面"，并通过"树状思维"得出判断。

通过刚才的分析，我们不难看出三种思维方式在层次上的差别：点状思维缺乏逻辑，结论难免片面；线性思维有一定的逻辑，但结论依然不够全面；只有树状思维可以完整考虑到全部影响因素，并找到问题的根源。

通过大量的访谈，我发现大部分90后都习惯"点状思维"，这在很大程度上制约了他们的判断水平。至于原因，我想一个很重要的因素是"应试教育"。应试教育以单纯取得高分为目的，因此必定会更注重答案的正确与否而忽视思维的过程。在这样的教育下，思维的发散性过早地被限制，思维过程被倒置：先确定一个结论，然后再寻找各种理由加以说明。这种思维训练的结果是：不重视事实，不依赖逻辑，喜欢草率地下结论，观点分散不系统。

既然如此，那是不是应该先帮助90后学会线性思维，然后再转入树状思维呢？我认为没有这个必要。因为成年人习惯的线性思维也存在着明显的缺陷，这与我们的大脑结构有关。大家知道，大脑由超过1000亿个脑细胞构成，每个脑细胞又由中间的"神经元"和周围逐层分支的"树突"组成，细胞与细胞之间通过"突触"进行联结，在生物电的作用下实现了思考、记忆、感觉和推理等功能。脑细胞本身的树状结构，决定了我们的思维必然以树状结构展开，同时也正因为线性思维与脑细胞的结构不匹配，因此在信息的交换和存储中会产生大量的损失。

比如，读一本书，你的大脑首先要将书中的线性结构编译成树状结构，然后才能理解和记忆。但是，如果你不掌握树状思维的方法，就会发现理解和记忆都是非常困难的事。同样，我写书的时候也存在一个编译过程，需要将我脑中的树状结构用章节体的线性结构表达出来，而这个过程同样会造成信息损失，所以写出来的东西永远都没有在大脑中的那么完美。

我有一个办法，可以帮助大家摆脱点状思维和线性思维的束缚，迅速提升树状思维的能力，那就是使用"思维导图"。思维导图是应用树状思维的最佳工具，由英国心理学家东尼·博赞于1970年发明，现在每天全球有超过3

亿人在使用。思维导图借用了大脑细胞的形式和结构，能帮助人们最大化地提升思维效率，同时将信息损失的程度降至最低。

思维导图最早需要手绘，后来开始出现应用程序，现在的软件经过多年的改进，已经非常易学且操作简便，因此在这里我就不介绍如何绘制思维导图了，而将重点放在如何通过思维导图的应用帮助 90 后提升战略思考的能力。

在使用的初期，思维导图至少可以在三个方面帮上 90 后，分别是项目分析、工作计划和工作评估。

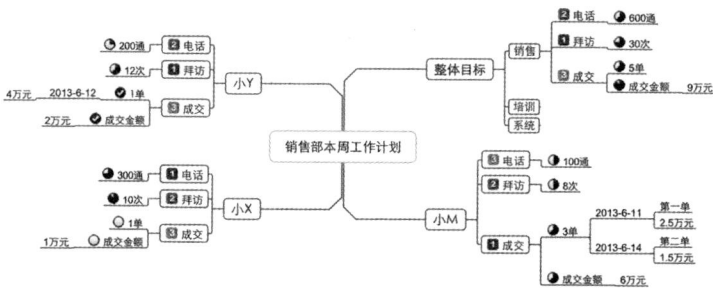

项目分析的重点，是全面考虑各种因素的影响。使用思维导图，首先可以引导使用者尽可能多地进行因素列举。软件中的拖拽功能，可以帮助用户轻松地建立起树状结构，并对各种因素进行分类、评级、拆分和增减。与通常的文字报告不同，思维导图虽然也由文字组成，却以图像的形式呈现，它让使用者更容易发现不同因素之间的优先次序及其重要程度。

用思维导图撰写工作计划，可以帮助使用者进行更全面的思考，避免漏项，同时排出优先顺序。软件还支持用户对每一个主题设定顺序符号、时间节点、所需资源和完成度，需要的话你还可以为某项工作设定倒计时。更进一步的话，你还可以将团队成员的工作计划合并到一张思维导图中，这样就形成了团队的计划。在这张图中，你可以很轻松地发现大家的工作有没有重叠，有没有遗漏，进度安排是不是匹配，工作量分配是不是合理。而从整体计划中，每一个人也更容易了解到自己的工作对于团队的意义，从而帮助他们站在更高的角度思考自己的问题。

缜密的工作评估可以有效提升判断能力，思维导图可以更便捷地实现这种评估。你只需要在图上将已完成的工作做上标记，并对成果进行打分。对未完成的工作，因故取消的直接删除，还需要继续的，直接拷贝到新的工作计划中。对团队管理者来说，这样的方式会极大地提升效率和透明度，做与没做，做好与做坏，都可以在一张图上清清楚楚地反映出来。

现在让我们再回到战略思考的话题上来，战略思考的第三步，是教会90后更多地使用量化指标，避免他们总是给你一个模糊的结论。因为，究竟做得是好是坏，还需要明确的标准。管理者应该不停地说："请用数字证明给我看！"

比如，一位行政经理要求新来的两名专员在每一个项目完成后，提交一份结项报告，除了列明所有的成本费用状况外，还要计算出每个项目的投资回报率。这是她对新人的特殊要求："其实从公司角度，我并不需要这样做，但是通过这种方式可以让他们更全面地了解业务，更深入地思考问题，同时也可以发现更多的改进空间……事实上，他们做到了。"

因此，我们可以这样说：不断地质疑保证了90后在"做正确的事"，树状思维为90后提供了"正确做事"的方法，而量化指标可以最终评估90后是否"把事情做正确"了。帮助他们实现以上的过程，提升了他们，轻松了自己。从另一个角度来看，员工战略思维的高度更代表着一个管理者的水平。

帮助他们找到自己的节奏

有不少朋友和我讨论过同一个问题：现在这个时代，年轻人的节奏更快了，还是更慢了？有些人说是更快了："你看 90 后一天要做多少事，你很少能看到他们闲着，只要是他们想到的事，就希望能马上实现。他们的时间以分秒来计算，你不得不佩服他们的精力为何如此充沛。"

也有人持反对意见："我觉得他们的节奏太慢，你看他们好像每天都很忙，但总也忙不出个结果。我布置的工作，他们基本上都没法按时完成，有些工作甚至到我检查的时候他们还没有开始动手。他们很少想一周或一个月以后的事，他们花了很多时间却又不知道花在了哪里。"

他们说的都没错，但又不全对，他们的结论还是出自点状思维或线性思维。所谓节奏，原指音乐中交替出现的有规律的强弱、长短的现象。后来也被用来描述事情有规律、有步骤地发展。因此，节奏描述的是一种时间感，要形成节奏，首先，需要一个连续的、持续发展的过程；其次，在这个过程中要表现出轻重缓急的变化规律。对于 90 后来说，完整地做一件事情并不容易，他们很多时候都是一时兴起，又半途而废。同时，先做什么后做什么，大多出于他们自己的兴趣，而不是出于优先度的考虑。因此我的看法是，90 后还没有找到自己的节奏。

如何帮助 90 后找到节奏？第一，帮助他们减少时间的浪费并把对的事做完整；第二，教会他们按正确的优先次序做事；第三，改善拖延问题，培养节奏感。

90 后总是迫不及待地投入到一个个新的短期目标之中，但是对于长期目标，他们好像从来都不着急。很多时候，他们根本不知道时间溜得有多快。今年刚毕业的一名 90 后大学生很自豪地递给我一本厚厚的书说："这是我写的！"惊讶之余，我发现这是一本微博合辑，有 1200 页，收录了他大学四年的 10000 条原创微博。我略微算了一下，总字数应该超过了 100 万，就算是一天不落地发，每天至少也要发上七八条。我很关心如此大的精力投入究竟给他带来了什么。他说："看到每天不断增加的粉丝，我很有成就感！"然而，成就感不等于成就，等到这一切虚华散尽，不知那时候的他会如何评价自己逝去的青春。

人们常说："要充分地利用时间，就要先把大石头装进桶里，然后装小石头，最后是沙子。不幸的是，我看到越来越多的年轻人的桶里只有沙子，没有石头。时间的碎片化已深刻影响到90后生活、学习和工作的方方面面。我们有理由担心，这种趋势持续下去的结果，就是他们的人生难免忙忙碌碌却又碌碌无为。这是一代人面临的危机，作为长辈的管理者有义务也有责任帮助他们脱离险境，而最重要的是，先帮助他们找到属于自己的石头。

90后对于自己的长期规划通常都很远大，只是在"千里之行"中，他们更容易因为路边的风景而分散注意力。比如，在工作中，很多时候他们为了一个问题而进入搜索引擎，但当他们出来的时候却发现一两个小时已经过去，答案可能还没找到，但感兴趣的信息却看了不少。这时候，他们通常也很自责，但是经历了这个过程，工作的感觉已经难以找到，既然无法集中精力，就索性放任自己混完今天再说。"不积跬步，无以至千里"，虽然他们也不停地迈着碎步，但是始终没有办法离自己的目标更近。

网络时代信息爆炸，造成了信息的过载，也造成了分享的过度。"时间杀手"无处不在，威力强大，就算是我们这些"老兵"也难以抵御，更何况是充满好奇的年轻人。这就需要组织通过氛围的营造来改善。在一家 IT 公司，正在推行一个叫作"专注 2 小时"的项目，公司倡议所有人在上午 9:00～11:00 不浏览网页、不发微博，尽可能地屏蔽外界信息的干扰，专心致志地完成一项当天最重要的工作。公司让大家抽签组成小组，讨论制定本组的行为准则，相互监督、相互鼓励，并通过每天中午的午餐会让各组选出的代表分享实践的感受。"开始，我对这个项目很抵触，我觉得这简直就是法西斯主义，限制了我的人身自由。直到有一次，有一个任务逼得太紧，本来需要一天才能干完的活，没想到我在'专注 2 小时'里就干完了，一气呵成，而且干得非常漂亮。被领导表扬的时候我才发现，原来专注有这么大的威力，能带来这么大的成就感！……我现在非常感谢我们组的同伴，以前总觉得他们成天婆婆妈妈的，好烦。现在我才明白，他们一直都在努力引领我去看一处美景，而只有自己真的站到了山顶，才知道这风景有多么壮丽！"这是一名 90 后程序员的分享，我相信他是幸运的，他自己找到了"石头"，也就明白了"沙子"是没有意义的。

然而，哪一块才是最大的石头呢？时间管理的课很多人都上过，所谓"要事第一"，就是要把既重要又紧急的事情安排在首位，所以大家觉得这就是那块最大的石头，但事实真的如此吗？

在工作中，既紧急又重要的事情并没有我们想象的那么多，很多时候所谓的"要事"都是披着紧急的外衣却并非那么重要的事。对于新员工，真正的大石头恰恰是那些重要但不紧急的工作，关系到一个人长期的学习和发展。比如，如何系统地提升自己的专业能力。这件事很重要，但是由于不能一蹴而就，也就显得不那么紧急，所以总是被忽视，以致一两年过去了，回头一看它还只是作为一个愿望停留在大脑里。而也正是因为少了这块大石头，工作虽然很忙、很辛苦，但沉下心来一想，总是会有一种缺少了一点成长和成就的感觉。

所以管理者应该指导90后设定更有远见的优先顺序。首先将中长期的目标分解为每日的功课放在最优先的位置，然后才是那些日常工作中重要而紧急的事。正所谓"日子有功"，长时间的坚持，不但可以使他们获得更多的积累，还可以帮助他们慢慢地找到自己的节奏。

拖延也是年轻人普遍存在的一个问题，它是计划的"敌人"，更是节奏的"破坏者"。管理者和长辈们经常把拖延纳入道德与习惯范畴，喜欢用说教的方式来处理，结果总是不尽如人意，这与我们对拖延的认知不足有关。大家可以仔细想想，什么时候我们拖延最严重？一定是面对那些对我们来说非常困难或是超越了我们能力范围的事情的时候。换一个角度讲，就是这件事需要我们用很高的能量才能完成，而如果我们自己的能量不足，就会不自觉地选择逃避，从而拖延。因此，能量不足是拖延的核心。管理者应该通过激励和挑战，促使他们将能量聚焦于一点，从而一鼓作气地完成。

节奏的建立，对于 90 后自我管理能力的提升有着重要的意义。时间是我们人生最重要的资产之一，评判它的价值，并不能只看这一时一刻产生了多大的回报，更要看它是不是可以持续增值。学习巴菲特，把他的"价值投资"理念应用于时间管理。建立良好的节奏，在美妙的韵律中一步步地接近成功。

轻管理秘笈

如何让90后有效自我管理？

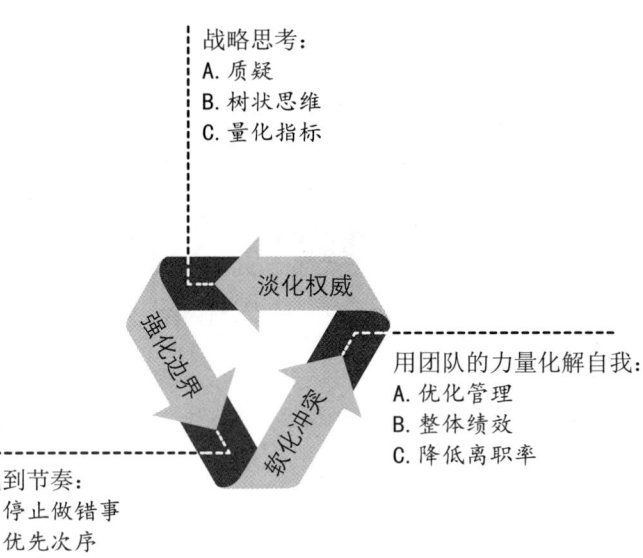

战略思考：
A. 质疑
B. 树状思维
C. 量化指标

用团队的力量化解自我：
A. 优化管理
B. 整体绩效
C. 降低离职率

找到节奏：
A. 停止做错事
B. 优先次序
C. 改善拖延

轻管理策略

站高一线，善用团队

"领导说为了增加和我们接触的机会,要求我们把桌面都换成他的照片。"

跨越鸿沟：

如何与 90 后建立深入的关系

"公司的健身房才建成一年半,拳击袋就已经打坏了17个,基本上每个月都要换一个新的。"一家服装公司的工会主席在接受采访时表示,健身房是他们公司90后员工最喜欢去的地方,"拳击袋是他们发泄压力的首选对象!"

他还告诉记者,他的办公室就在健身房隔壁,他经常会跟这些来发泄的员工聊天,以掌握他们的心理动向:"孤独、压抑、怨恨等情绪不同程度地存在。前几天我开玩笑似的跟老板建议,应该在沙袋上贴上管理层人员的头像,看看谁被'打'得最惨。没想到老板真的同意了,最近我们正在准备……"

近与远：隔水相望的关系

这个企业的领导算是很开明的，甘愿冒着被"打"的风险为员工创造一条发泄的途径。但是，很多人可能会忽略，是什么原因导致年轻员工有如此多的负面情绪？工作压力大、生活枯燥、前途渺茫，这些原因可能都客观存在，但应该不是问题的核心。根源还在于人际关系，因为"孤独""压抑""怨恨"等情绪都与"人"有关。可以想象，在这个组织中，人与人之间的关系并不轻松，年轻人难以从中获得必要的情感支持和心理满足，更缺乏能够帮助他们抵御负面情绪的"好的"人际关系。

实际上类似的情况非常普遍。在我走访过的很多企业中，管理层与员工之间，员工与员工之间，都普遍存在着关系冲突和关系断裂。对此，管理者通常讳莫如深，因为很多时候他们既是问题的受害者，又是问题的制造者。很多管理者都很清楚：关系问题是组织面临的最大问题，是一切表象冲突的内在原因。这个问题不解决，管理的提升就无从谈起。然而，真的要解决又谈何容易？

我发现企业对于关系冲突的处理通常会走入三个误区。第一个误区是，为了确保经营安全，一些组织倾向于将员工之间的关系割裂开来，最典型的就是富士康。这样的组织通常规模庞大，他们重点考虑的是如何有效避免员工的联合，最大限度地降低管理风险。在这样的思想指导下，他们会想尽办法切断员工之间原有的联系，并阻止新的关系建立。由此，员工成了一个个孤立的、缺乏连接的个体，除了工作之外，他们之间很难再建立起更深入的私人关系，一旦遇到心理危机，个体在极度孤独的情况下采取极端方式处理也就不足为奇了。

第二个误区是，以"欲望"代替管理。此种情况广泛存在于那些对经营效率过度追求的组织当中。由于效率是这些组织追求的核心，他们对关系冲突的处理也更趋实用主义。他们更倾向于通过单纯增加生活娱乐设施，丰富业余生活的方式来保持员工队伍的稳定，引导他们释放激情、保持状态，从而提升生产或工作的效率。一家工厂将这样的策略用到了"极致"：在他们的宿舍里，"夫妻房"的比例是周围工厂的两倍，"夫妻房"除了分配给夫妻同厂工作的家庭以外，对那些未婚同居的申请者，公司也持默许态度。通过满足人的基本欲望，这家工厂的员工稳定性和劳动生产率都高于周边企业。然而，我们不能忽视的是：这种以"欲望"代替"管理"的模式，虽然在短期内有效，但是它就像吸毒一样，一时的快感会带来更多的问题。

第三个误区是，管理者想当然的做法造成了事与愿违。这种情况也普遍存在，组织已经认识到了关系的重要性，领导也有与员工改善关系的意愿，但是由于不了解对方的需求，没有掌握正确的方法，管理者一厢情愿地做了很多努力，结果却发现事与愿违。员工非但不领情，反而加剧了相互之间的不信任，使原本就很脆弱的关系变得更加紧张。久而久之，领导逐渐失去了耐心，开始质疑变革的方向，关系改善的努力无疾而终，管理层与员工的关系渐行渐远。

很多时候，管理者和员工的关系如同两个人分别走在一条小河的两边，虽然绝对距离很近，但他们的轨迹永远是两条平行线，始终没有交点。隔河相望，相见却无法相牵；隔阂不消，再近的距离也无法阻止关系的疏远……

轻管理策略：清除障碍，以心换心

从另一个角度看，造成关系的隔阂也有员工自身的原因。90后虽然内心也渴望拥有更好的人际关系，但他们在实际行为中表现出来的却恰恰相反，这是由一系列内在和外在的原因造成的。

第一，全民性的"刻板印象"给他们的人际交往造成了困扰。90后在与比自己年长的人的交往过程中，总能感受到"有色眼镜"的存在。他们虽然会心生反感，但却很少理论，对于这样的情景，他们早已不屑一顾，只是听之任之。"你不在乎我，我不跟你玩就是了！"90后活在自己的世界里，这使他们很坚定，不会因为别人的眼光而影响自信，只是，这会大大降低他们与人沟通和交往的意愿。

第二，由于90后从小就已习惯被关注、被重视，因此，他们总是希望由别人来主动开始一段关系。但是，由于兴趣点的不同，其他人与他们不太容易找到共同话题，而如果要让他们与陌生人没话找话就更不容易。因此，他们往往处在被动的地位，更多时候是躲在一边或是宅在家里，和有更多共同语言的同龄人交流，使用手机、电脑等更便捷的交流方式。总之，他们在建立关系方面比较被动。

第三，由于生活圈子过于简单，他们应对复杂关系的经验不足。在他们的学生时代，由于没有兄弟姐妹，除了父母长辈以外，能够一起相处的只有同学。但是，现在同学间相处的方式也已不同于以往，很多孩子一放学就会被各自的父母接走，他们没有更多课余时间相互陪伴。正因为无法从朋友间的真实互动中获得足够的满足，他们开始逐步转向虚拟互动和自娱自乐，变得越来越"宅"。

另外，他们把一大部分本应投向朋友的情感转向了父母。父母在长辈的角色中增添了朋友的成分，一方面使双方的关系变得更加亲密，另一方面也模糊了90后的角色意识，他们在潜意识中会觉得和长辈（领导）相处就应该是这个样子。因此，进入组织以后，他们在和领导的沟通中也会不自觉地复制与父母相处的模式，以"非正式交往倾向"把领导简单地当作朋友来处。同时，他们也不善于与同事主动建立关系，虽然他们内心也有愿望，但只要对方不主动，他们便会永远

"宅"在自己的位置上。不用说，以这样的沟通能力，他们很容易在人际交往的过程中感受到困难与挫折。

因此，要与90后建立深入的关系，就得首先与他们一起填平横亘在双方之间的鸿沟。在此基础上，帮助他们找到正确的角色，匹配以相应的角色意识，引导他们用清晰的角色意识来替代社会价值观进行判断，使他们的言行举止更符合角色的要求。在帮助他们获得更多认可的同时，逐步建立起人际交往的自信，并使他们逐渐走出自己限定的边界，一步步地融入组织当中。在这个过程中，比方法更重要的是用心。管理者只有将心比心，以心换心，才能够获得90后的信任和尊重，他们才会愿意与管理者一道，开始这一段神奇的关系之旅。

以积极互动，消除"刻板印象"

我们之前已经很多次地提到了"刻板印象"，那么究竟什么是刻板印象？它是如何形成的？它对关系的建立有哪些影响？

所谓"刻板印象"，是人们在归纳自己不熟悉的群体的特征时建立起来的一个模型。在生活中，我们总是习惯于用我们看到的一些具有统计学特征的现象来定义一群人。比如，在上大学之前，很多人会觉得教授都应该是谢顶且不苟言笑的；在进入公司之前，认为领导必然一脸严肃，大义凛然。个人经验在一定程度上造就了刻板印象，但是它的形成更多地受到了时代特征和文化环境的影响。

刻板印象的形成满足了人类认知的三种需求。首先，思维的"简化"。要记住所见到的每一个人的特征，对我们来说是一种巨大的挑战。因此，我们需要依靠分类思维将不同特征分门别类地放入我们的大脑中。在分类过程中，共同特征降低了信息的复杂性，但也会损失不少信息，这是"刻板印象"形成的基础。其次，我们每个人都有理解和预测他人行为的强烈需求，当我们初遇某人时，因为缺乏足够的信息，我们便需要依靠"刻板印象"来补充未知的部分，这就满足了我们思维"便捷"的需求。最后，我们对于自己的认知是通过"对比"实现的，为了提升自我认知和社会地位，我们更倾向于突出自己所在群体的正面特征，同时强调对比群体的负面特征，这就形成了对其他群体的不良印象。在潜意识中，我们更容易将不准确的特点归类到其他群体中，尤其是当这个群体有可能威胁到我们的自尊时，这种寻找负面印象的动机就更加强烈。

正因为刻板印象是人类思维模式的一个副产品，所以它广泛存在。其实，每一代人刚刚踏入社会的时候，都要面对社会上"刻板印象"的压力，而这种印象的形成与长辈们面对后辈时的自我优越感和控制欲有关，同时也隐含着自我保护的意味。因为在人的潜意识里，真正愿意"青出于蓝，而胜于蓝"的人少，害怕被"后浪拍在沙滩上"的人多。

但为什么社会对 90 后的刻板印象特别严重？究其根本，是 90 后所引领的文化传承模式的变革，已经从根基上动摇了老一代的权威。长辈们开始发现,他们的控制力越来越弱,并有可能最终失控。由此,他们产生了强烈的不安全感。通过不断放大 90 后群体的弱点,可以延长他们掌控权威的时间,并降低新生代对现有系统的威胁。这不是阴谋论,很多事情可能并非我们有意为之,但是我们潜意识造就的客观结果却不容置疑。

刻板印象对关系的建立有什么影响?首先,它会造成以偏概全,使我们无法准确认知群体中每一个个体的特征。就像社会给 90 后贴上的很多标签,即使它代表着大多数 90 后的普遍特征,但我们还是可以很容易地从某个 90 后身上找到反证。其次,刻板印象会使人们忽略或误解那些与刻板印象不一致的信息,即我们有时候对"刻板印象"的信任甚至超过了自己的眼睛。我在访谈中发现,往往与 90 后接触越多的人,受到"刻板印象"影响的可能性就越小。那些有 90 后子女、弟妹或是长期与 90 后紧密接触的管理者更容易理解 90 后,也更容易找到与他们相处的感觉。但是,那些很少有机会与 90 后接触的人,更容易心存芥蒂,把 90 后视为洪水猛兽。同样,由于与其他群体的接触不足,90 后在被贴上各种标签的同时,也在不断地给其他群体贴标签,并形成了非常明显的刻板印象。

刻板印象的第三个影响是，它为偏见和歧视提供了基础。对一个群体的刻板印象越深，就越容易对这个群体产生无理由的负面情感和态度，甚至在努力减少这种偏见的同时，都有可能出现无意识的歧视行为。这种歧视在管理者依靠"第一印象"选择人选和对工作绩效进行评价时表现得尤为明显。

刻板印象是一种固化行为，难以避免。我们能做的就是在管理和决策中尽量减少刻板印象的影响，而改变的最佳方式就是"有效互动"。道理很简单，人们彼此接触得越多，就越不会依赖刻板印象来评价对方。

在一家制造型企业，虽然企业一向都很注重组织内和谐关系的建立，但管理层也越来越多地感受到了来自一线90后员工的冲击。曾经有一段时间，由于周边企业劳动关系事件不断，也波及了这家企业，导致劳资关系一度非常紧张。为了改变这样的局面，董事长要求企业管理层每周至少安排一天到基层与一线员工一起工作，与他们一起上生产线，一起在食堂吃饭，一起开班组会。一个月下来，每个高管都感触良多，他们发现这些90后其实并不怎么难相处，也不像他们以前想象的那样自私自利，没有效率。

慢慢的，他们能够站在员工的角度思考问题，发现以前员工反复在提，甚至是在用过激的方式提出的要求，其实没有什么不合理。只是因为当时先入为主的负面思维将他们思考的重点从如何"解决问题"转移到了如何维护"公司权益"。通过一线的工作，这种对抗的思维不存在了，同时他们还开始主动考虑如何为员工提供更好的工作环境，更有弹性的工作时间，让员工获得更高的收入。反过来，员工们也觉得公司的领导们其实都很和蔼，没有他们以前想象的那么高高在上。因为这样的努力，管理层与员工之间的关系比之前更加和谐，高管到一线工作也作为一项传统被保留了下来。

在一家集团公司，按照惯例每年春节前都要召开年会，并举行一次大型的职工文艺会演。这家集团的总裁很有智慧，他指定本年的文艺会演要由上年刚分配来的大学生们组织。大家都觉得这是一个很冒险的决定，毕竟这些学生才分配来半年，连人还没认全，怎么可能组织好如此大型的活动？经过3个月的准备，汇报演出终于呈现在大家面前：新颖的形式、欢快的节奏、富于时代感的节目让大家耳目一新，深受感染。全场掌声雷动，喝彩连连。

演出结束后，总裁把这个年轻的团队请上了台，让他们分享一下自己的感受。几个年轻人手挽手站成了一排，组长说："3个月前，我们信心满满，那时候的我们无知者无畏……两个月前，我们倍感压力，心绪不宁、畏首畏尾……一个月前，我们身心疲惫，不止一次地想要放弃……昨晚，我们的体能都已达到极限，而每个人又都通宵未眠。这是我们人生中最努力的一次，我们很担心哪怕是最小的瑕疵也会影响它的表现……此刻，站在这里，本以为会无比兴奋，然而现在的我们心中却只有一个声音：谢谢你，谢谢你们！"在热烈的掌声中，他们饱含泪水地向领导和观众深深鞠了一躬……他们的出色表现，为自己争得了荣誉，也为90后正了名。在那3个月里，他们上上下下地沟通、协调，从"组织最不熟悉的人"一点点变成了"最熟悉组织的人"。在这个过程中，他们让年长的同事们看到了这代人更真实的一面。自从年会以后，再提到90后，大家都会欣然地竖起大拇指。

减少"噪音",让沟通"通畅"起来

沟通是影响管理者与 90 后建立关系的另一个重要因素。没有深入的沟通,就不可能有深入的关系。然而,由于代沟的存在,不同代际之间的人沟通起来并不容易,经常是"沟而不通",以致时间一长,双方连"沟"的兴趣和勇气都失去了。

影响沟通的因素有很多,我们把它们统称为沟通"噪音"。因为"噪音"的存在,导致你想表达的内容对方接收不到,也就难以获得你想要的回应。其实,沟通的双方都会产生噪音,而噪音的存在势必严重影响双方的沟通。因此,要使沟通顺畅,就必须排除噪音。然而,要排除它我们就要首先弄清楚什么是噪音,它具备什么样的代际特征。

在沟通中,90 后有两种典型的噪音在影响着他们的表达。第一种是语言性的障碍,由于他们习惯使用网络语言、潮词、简略词、最新的术语总是不自觉地蹦出来,稍微上点年纪的人和他们对话都会感到云山雾罩、难以理解，久而久之还会产生反感之心。

其实，90后的语言特征体现着他们的基本需求。比如，火星文的发明首先是为了沟通的"安全"，这样他们在家里聊QQ的时候就可以很容易地避开父母对内容的监控。其次是"效率"，对于在沟通中使用"键盘"多于"舌头"的90后来说，"效率"比"美感"更重要，为了"速度"，没有人在乎"歧义"。因此，越来越多的、在老一辈们看来匪夷所思的词汇被制造出来，并以难以想象的速度流行开去。面对这种趋势，我建议管理者不明白的时候应该放下身段，虚心向年轻人请教。你不需要认同这些语言，了解的目的只是为了降低噪音，提升沟通的效率。

90后表现出的第二种噪音是他们对信息的习惯性过滤。由于他们同时接收的信息过多，所以他们的大脑具备了很强的信息过滤能力，这是他们的身体出于自我保护而进化出的一种新功能。那么，首先被过滤掉的是什么？就是那些他们认为是负面的信息。因此，很多时候你苦口婆心地教育他们，却发现毫无收获，因为大部分信息都被他们过滤掉了。那么反过来，是不是多鼓励就可以解决这个问题？如果仔细观察你会发现，那些虚伪的、表面性的鼓励同样也会被过滤掉，而起不到任何作用。因此，无论是表扬还是批评，你的表达都必须以事实为依据。比如，你表扬他工作有进步，不能简单地说：干得不错！而应该更详细地描述哪里不错，哪里有进步。请记住，客观中立、有实质性内容的信息不会被他们过滤掉，所以管理者应该重新整理一下自己的表达方式。

来自管理者的两种非常典型的噪音也在影响着90后的接收效果。首先，是信息的过载。管理者习惯长篇大论，而90后只适合接收不超过140字的信息。管理者表达得太多、太长，对90后来说是一种巨大的压力，他们的注意力和理解力很难跟得上管理者的节奏。

对于这种现象，我们可以这样理解：每个人都有一块蓄电池，老一代人的电池是独立完整的一块，而90后的则是由很多块小电池组成的电池组，虽然总电量相差无几，但是功能却大不相同。整块的电池只能处理单一的任务，但是电量强大持久；电池组可以处理多项任务，但是每块小电池的能量却有限。因此，你要明白，在和90后沟通时，他们是在用其中一块小电池来应对你整块的大电池，你一下说得太多，就很有可能把他们的电量耗光。所以，我们经常会发现，和90后说着说着他们就走神了，走了一会儿还会回来。这时候，不代表他们对你说的话表示不屑，只是他们的电池正在充电而已。

管理者发出的第二种噪音是：含蓄或模棱两可的表达。这一点90后是难以容忍的，内在的原因与上面的问题类似，同样源于90后的多任务处理能力。我们的内存是一整块，而他们的内存则被分成了无数块，同时处理很多任务。我们的内存有空间容忍模糊地带的存在，但是对于90后来说，如果得不到明确的答复，就意味着有一部分内存要被长期占用而无法释放，而这种占用必然会影响到其他任务的处理。

信息时代不仅仅在改变着我们的习惯，更开始改造我们的身体。在互联网和无线通信中成长起来的90后，他们的内在构造和生理功能都与前人有所差异。全球最杰出的脑科学家们已经发现，技术对年轻人的大脑已经产生了诸多潜移默化的影响，以至于就在这短短一代的时间里，年轻人与年长者之间就已经出现了深度的大脑鸿沟，即所谓的"脑沟"。它进一步加剧了代沟的深度和广度，也必然会使代与代之间的沟通交流变得更加困难。然而，越是这样，我们越要尊重现实、承认改变。面对变化，唯一正确、可行的方法就是调整我们自己。

还有两种沟通"噪音"是管理者和90后共同存在的，但表现出来的特征有所不同。第一种是跨文化沟通障碍。人的认知局限导致人们都更愿意站在自己的角度去看待其他群体，这种影响在沟通中也表现得很明显。比如，长辈们在沟通时最喜欢以"想当年……我在你这个年纪的时候……我们过去都是……我早就说过……"等开头，而这样的开头将注定沟通的失败。因为一旦启动了"老生常谈"的预警，90后就会自动切换到过滤频道，无论你后面的内容多么精彩，他们都会充耳不闻，我行我素。同样，如果90后在沟通中一旦传递出"现在这个社会就是这样的……我们这代人就是这样的……"等信号，管理者也会马上不自觉地从倾听频道转向情绪频道。涵养好的，心里暗自生气；涵养一般的，恐怕早已提高了嗓门或者是大加训斥了。因此，要想获得最佳沟通效果，双方都应该忽略"我"的存在，放下自己的成见，尽量使自己的情绪保持平和，并在沟通中努力把自己变成透明的，学会深入地倾听和中立地表达。只有不带私念，放下我执，才能实现"通"的目标。

第二种共同的噪音就是情绪。在第二章中我们已谈到，语言同时携带两种能量信息，一是内容，二是情绪，而对方更容易接收到的是你的情绪。由于在组织内所处的位置不同，管理者在与90后的沟通中总会情不自禁地流露出居高临下、不满指责的情绪。而90后更容易置身于组织之外，表现得棱角分明，心高气盛。这都会大大影响沟通的效果。很多时候，沟通满怀期望开始，最终却不欢而散，就是因为沟通的参与者没有能抓住"通"这个"本"，而任由自己的情绪带着去逐"末"。所以，如果不懂得情绪表达是沟通的噪音，不加以控制，时间长了你很容易在沟通的过程中迷失自我。

所以你看，想成就好的沟通不是一件容易的事，路上有很多障碍，你一不小心就会把沟通搞砸。但是，沟通其实又是一件非常简单的事：以结果的"通"为核心，抓住这个"本"，无论沟通过程中遇到什么样的困难，无论走多少弯路，都要向着这个最终的目标前进。这是管理者需要修炼的基本功，因为没有沟通，就没有关系；没有深入的沟通，就不能建立深入的关系！

帮助他们有步骤地融入组织

过往的经验决定了 90 后与其他人的相处方式，而往往这种经验越丰富，就越可能影响到他们在组织中的人际交往。如果管理者不能认识到这一点，就难以找到与他们打破关系僵局的突破口。

想把这个问题说清楚，就要先从什么是组织谈起。组织心理学奠基人埃德加·沙因对组织的定义是："组织是为了实现共同的、明确的目标，通过劳动分工和职能划分，通过权力和职责层级，对若干人的活动有计划地协调。"这个定义表达了三个层次的内容：第一，目标；第二，协调；第三，协调的主动性和系统性。我们将具有这三重特征的组织称为"正式组织"，以区别于另外两种组织类型："非正式组织"和"社交组织"。

"非正式组织"是正式组织成员之间产生的另一种协调

模式，它要实现的目标并非是组织所直接需要的。"社交组织"是人们自发或潜在形成的协调模式，并不以实现明确的共同目标而存在。

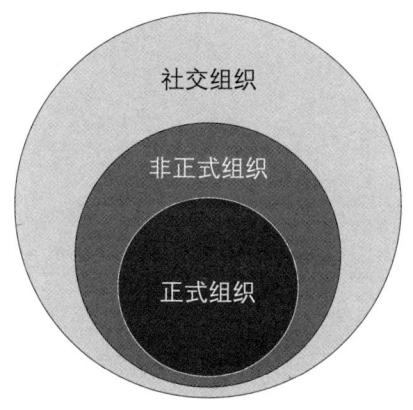

在组织的定义中有一点非常重要，我们以前也曾讨论过，就是组织协调的对象是成员的活动而不是成员本身。由于每个人自身的活动只有一部分与组织有关，所以一个人可以同时属于多个不同的组织。反过来说，如果要满足一个人自身的全部活动，他必须同时身处多个组织。

所以，我们不难看出，无论是哪种类型的组织，它们的实质都是一种协调的模式，或者说是"关系的集合"。不同的是协调模式产生的原因：在正式组织中是"组织目标"，在非正式组织中是"个人情感和心理需求",而社交组织不需要明确的目标。

在90后的学生阶段,他们所处的正式组织是班级,而由于种种原因,这种正式组织的作用正在不断地被弱化。相反,各种社交组织的吸引力却异常强大,线下的有社团、球队、俱乐部、同乡会;线上的有社交网站、微信/微博、游戏、社区等,不一而足。同时,线上和线下的社交组织还通过网络频繁互动,不断扩充领地,增强凝聚力。由于社交组织从来没有像今天一样强大,就像空气一样包围在年轻人的周围,几乎占据了他们人际交往的全部时间和空间,以致给这一代人造成一种错觉和假象:世界上的一切组织都是社交组织,社交组织中人与人的相处方式和价值观同样适用于其他任何组织。因此,当90后加入正式组织后,依然以自己的兴趣为重,拒绝等级、崇尚平等,以松散的相处方式来代替主动的协调。

90后难以融入正式组织的另一个原因,是一开始他们只能处于组织的边缘,而难以获得足够的心理满足,同时规矩和制度也让他们倍感不适。因为在正式组织中感觉不佳,他们经常会回到社交组织中去弥补这些缺失,甚至当他们在正式组织中的发展遇到挫折时,他们会躲进社交组织中不出来,而尽量与正式组织绝缘,拒绝通过努力在正式组织中建立必要的关系，取得更舒适的地位。

为了帮助他们尽快融入正式组织中，我们需要再次使用迂回战术。管理者如果能先通过非正式组织帮助他们实现情感和心理的目标，再让他们融入正式组织就会变得容易得多。我们在第四章中谈到的"准父母"式管理就是其中的一种方法，这种方法建立起来的是管理者与员工之间的非正式关系。

除了管理者与被管理者需要建立一种良好的关系外，员工与员工之间也需要建立起一种和谐的人际关系，使彼此相互信任、理解，进而营造出一种令人心情愉悦的工作氛围。有什么好的方法可以在员工与员工之间建立起紧密的非正式关系？一家企业是这样做的：他们连续3年组织员工背诵《弟子规》，每周安排大家讨论，然后在每年年底时用一场演讲比赛来总结学习成果。作为奖励，公司每年都会把进入决赛的员工的父母从全国各地请到北京，让他们在现场听一听孩子们的演讲，并游览首都的风景名胜。开始，出于好玩或者是为了给父母争取一个免费旅游的机会，年轻人才报名参与。但是，随着学习和交流的深入，他们一次次地被别人的故事所感动，同时也从自己身上发现了更多的可能性。他们开始主动帮助身边的同事，在工作中给予他们更多的理解和包容；对于家庭困难的同事，大家伸出援手，并且相互鼓励；他们开始给父母写信，给家里寄钱，开始关心长辈的生活和身体……在比赛的那天，选手们感人至深的讲述将会场变成一片爱的海洋，每一个人都能从中感受到力量。看到以前青涩不羁的孩子变得成熟、阳光，父母们掉泪了，也放心了……直到他们上车离开的那一刻，还紧紧拉着孩子的手，叮嘱他们要学会感恩，更努力地工作，加倍回报企业和社会……

在我们利用非正式组织帮助新员工建立了基本的归属感以后，就可以开始寻找有效手段引导他们逐步融入正式组织。方法有很多种，但核心的技巧是一定要通过具体的事情来帮他们建立关系。除了基本关系以外，帮助他们在组织中建立跨部门和跨代际的关系同样重要。

项目小组是建立跨部门关系的最佳途径。在很多组织中，大部分项目小组多由管理者组成，通常是挂名的多，有时间深入工作的少。尽可能地让年轻员工参与进来，不但可以充分利用他们的敏感性和创造力，更能够帮助他们走出自己的部门，在组织中建立广泛的联系。

这里有两个比较成功的例子。一是在一家生产企业，公司用管理培训生组织了一个安全隐患排查小组，利用他们刚进入组织的敏感度，帮助公司发现问题。这也正好符合90后的兴趣，在一年的时间里，每一名小组成员都尽心尽力，共发现了近 300 个问题点，并形成了数十份报告，为公司避免了一百多万元的浪费和经济损失。也正是在这个过程中，这些培训生有机会深入到工作一线，在寻找问题的同时，也与上上下下建立起了紧密的联系，这为他们正式上岗奠定了基础。

第二个案例是一家企业为了应对竞争的挑战，在公司的 90 后员工中建立了一个微信营销小组。公司先让他们各自选择不同的方向建立公众账号，并允许他们每天有两个小时的工作时间可以用于账号的运营，同时约定：3 个月以后，粉丝最多的一个将会成为公司的官方账号，进行资金和人员的投入。结果，年轻人的热情空前高涨，各显神通，既相互竞争又相互帮助，最后他们不但出色地完成了任务，而且整合出一支优秀的团队，并且在短短数月内就学会了如何调动公司内的各种资源。

90 后不容易与年长者建立关系，所以更需要帮助他们加强跨代际的沟通。组织应该有针对性地促进不同年龄段员工之间的有效互动，以弱化刻板印象，减轻代际冲突。目前关注到这方面的组织还不多，已经开展的实践就更少。我只能提几个方向供大家参考。比如，员工生日会，让一起过生日的不同年龄段的员工在一起各自说说自己的感受，以增加不同代际员工的沟通。还有，对于公司的集体出游，也应该主动打破部门的束缚，以年龄分组，尽量保证每一组中都有各个不同年龄段的人。通过组织各组之间的游戏和比赛，帮助不同年龄段的人相互发现优点，优势互补，最终达到相互理解、和谐相处的目的。

总之，无论通过什么样的方式，我们的目的都是希望将90后从他们自己封闭的圈子里拉出来，通过关系的建立让他们一步步融入组织当中，如果这一步工作我们不做，他们可能永远都会"宅"在自己的舒适空间里。

心理契约：让关系生根

从我们每个人的生活体验来看，人们能建立起真正和谐的关系，一定不是因为明确的分工或是利益机制，而是一种心灵的默契。在组织中，人与人之间关系的建立虽然基于更明确的目标，但是权利和义务并不能保证关系的和谐，就像劳动合同的签订并不能带来员工对组织的忠诚一样。相反，过分地强调权利义务还会损害关系，尤其是当关系中存在明显的矛盾和冲突时。所以，长期、稳定的关系只能靠"心理契约"来维系。

"心理契约"是美国著名管理心理学家施恩正式提出的。心理契约意味着在人与组织之间，组织中的人与人之间，有一系列不成文的期望在发挥作用。其中有些期望是表面的，比如工作时间、工作报酬和员工福利；还有许多期望是潜在的，比如个人的尊严和存在感等。"每个人都希望组织真正地把自己当人看，提供值得去做而不是贬低自身的工作条件，提供成长和进一步学习的机会，并对我们的所作所为进行反馈……"

在公开的谈判和冲突中，员工更关注报酬、工作时长和工作安全等问题，但是员工罢工、停工、消极怠工和离职等极端事件，一定与心理契约的破坏有关。相应的，组织对员工也有着更加含蓄和微妙的期望，希望员工忠于职守，提升组织形象，保守组织秘密，并尽力维护组织利益等。因此，心理契约就是一套行为上的期望，它的建立是角色意识建立的一个标志。

"心理契约"会随着员工的需要变化而变化。在90后职业发展的初期，个人的需要和期望完全基于对未来成功的渴望。他们需要知道，组织是不是可以提供成功的机会，同时自己是否真的有能力获得。如果总是被委派毫无意义的任务或根本不受重视的工作，他们会非常非常失望，甚至会最终在心里和组织"解约"。

和组织建立心理契约的一个关键要素，就是组织成员能够认可组织已有的权威体系。权威不等于权力，纯粹的权力意味着通过使用强势的力量，操纵对他人有意义的奖赏或惩罚。

而权威则意味着下属愿意遵守规则、制度或命令，认可制定规则、制度和等级的体系。也就是说他们认可管理者拥有命令自己的权力。

有两种权威可以得到 90 后的认可。第一种叫作"温柔的权威"，第二种叫作"专家型权威"。第一种权威顾名思义，它是"强制性权力"的反义词。权威的建立不是一朝一夕之事，本质上它是一种深度的信任，需要大量的情感投入和信誉积累。在和年轻人的交往中，耐心和坚定同等重要，面对分歧和冲突，既要时刻充满耐心，又要须臾不离、坚守核心，耐心加坚定就是温柔的权威，以至柔征服至坚，以水的美德融化他们心中的坚冰。

专家型权威的基础是专业的高度和专业精神。90 后藐视权威，但崇拜真的高手。他们对于某方面确实有特长的人总会仰视，因为他们自己也曾无数次地追求过，他们知道要站到顶峰有多么不容易。曾经有一位人力资源经理和我分享过一个案例：他们公司的一名技术骨干提出离职，由于一线经理处理得不当，最后他的两个好朋友也要和他一起离职。这时候人力资源经理不得不出面，但和他们谈了一下午也没有任何进展。最后，经理提出请他们吃晚饭。饭桌上的气氛比办公室里轻松了不少，大家聊着聊着就聊到了游戏，他们没有想到的是，经理竟然也玩 Dota，而且号称高手。起先三个人还不太相信，匆匆结束了饭局后，他们一起跑到网吧开始联机对战。一战下来，三个年轻人对经理佩服得五体投地……第二天一大早，他们一起来到经理的办公室，要回了自己的辞职书，同时表示："我们很愿意和大师一起工作！"

心理契约的建立除了对权威的认可外，还包含对目标和公平的认可。对目标的认可在下一章中会有专门论述，在这里我们重点说一说对公平的认可。大家已经了解了公平可以分为预期公平、内部公平和外部公平。其中预期公平影响着新员工的稳定，外部公平通常是老员工离职时最体面的借口，而内部公平最大限度地影响着员工的心理感受，与心理契约的建立有直接关系。

关于内部公平，90 后最看重的一点是组织如何处理那些低绩效的员工。"对后进员工的包容，就是对优秀员工的惩罚。"如果组织总是不断地给问题员工提供机会，那么你很难留住那些最好的 90 后。很多时候管理者对于后进员工的包容是无意识的，比如管理者通常都会对问题员工投以最多的精力，但是我们可能忽略了，在那些表现优秀的员工看来，他们越努力工作的结果，就是越得不到领导的重视。还有，因为后进员工能力有限，所以领导总是会优先考虑给他们布置力所能及的工作，而那些最优秀的员工却往往被排在最后，得到最难、最耗时的工作。由于主观无意识，管理者总在不经意中传递着错误的信息。

这样的情况非常普遍，只是在90后进入之前，它的负面影响表现得没有那么突出。虽然90后面对困难更容易从外部寻找理由，但是，对于成功他们会更看重自己的努力。只是在努力之前，他们需要有一个保证，那就是要有一个公平的竞争环境。毕竟在当今这样一个"拼爹"的社会，公平比自身的努力对成功的影响更大。

心理契约高于一切法律和制度，它能保证员工与组织可以在一种更高的标准上进行互动。心理契约是帮助人们扮演好角色的一种保证，角色意识不是挂在墙上的标语，而是印在人们心中的准则。同时，心理契约也是动态的，就像是行走于高空的钢丝上，需要我们小心谨慎、细心呵护。然而，一旦拥有了这份契约，它不但可以坚实组织与员工互信合作的基础，还可以让我们找到工作的激情，体味到工作的幸福！

轻管理秘笈

如何与90后建立深入的关系?

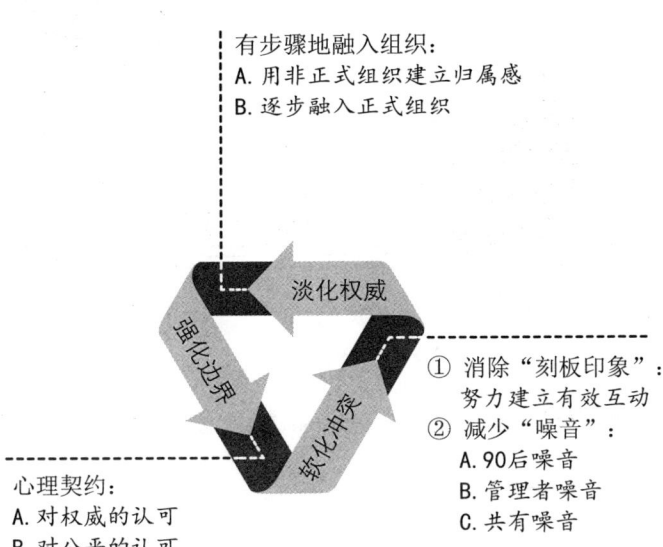

有步骤地融入组织:
A. 用非正式组织建立归属感
B. 逐步融入正式组织

① 消除"刻板印象":努力建立有效互动
② 减少"噪音":
A. 90后噪音
B. 管理者噪音
C. 共有噪音

心理契约:
A. 对权威的认可
B. 对公平的认可

轻管理策略

清除障碍,以心换心

"为了补偿这次没给你涨工资,我决定把你加为我的微信好友!"

管理梦想：

如何让90后保持工作激情

一位董事长无意中聊道："几个月前，我们公司给一名年轻的项目经理补发了 500 元钱奖金，没想到因为这件事他却辞职了。"看到我惊讶的表情，她继续说："我刚听说的时候也觉得无法理解，为什么多发了钱，人反而要走？我问了所有相关部门的人，也没能得到一个满意的答案，只是了解到：前一个月，他被扣了 500 元绩效奖，当时他对这个处罚很有意见，一直都有负面情绪。后来，可能是总经理想让他快一点恢复到正常工作状态，就要求人力资源部在第二个月又把这些钱补给了他。没想到适得其反，他看到工资单以后情绪非常激动，说什么也要走……"

施与求：不合拍的激励

"过后，我还是找机会约他聊了一下。"这位女企业家继续说，"那时候他已经开始在另外一家企业上班，说到离职的事也比较平和了。他说：我也知道我当时的决定很冲动，但是我就是没办法说服自己留下来……那时候公司让我负责国际质量认证的事，压力很大，但也很兴奋，因为这是我工作以来承担的分量最重的一项任务。那个月我干得很玩命，每天都是第一个来，最后一个走，连做梦都是工作。审核终于通过了，我一直等着领导的表扬，没想到等来的却是被扣的奖金。我当时就跑去找生产副总，副总说这是总经理决定的。我又去问了总经理，他只是说我在这个项目的工作上有瑕疵，但也不具体说明。我当时很委屈也很生气，不是说我一定没错，但是起码应该给我一个明确的、有说服力的理由吧！……之后很多天我都无法从这种失衡的心态中走出来，每天迟来早走、无精打采、得过且过。我想，大不了这个月你们再扣我绩效就是了！但在心里，我其实还是很期待领导能找我好好谈一谈。等了整整一个月，最终也没等到领导的约谈，直到发工资的时候，我发现不但没扣我的钱，反而多发了500元。说实话，我当时真的有点儿崩溃！我在这儿工作最努力的一个月，莫名其妙地被扣了钱；而一个月的消极怠工，反而还能拿奖金！就在那一刻，我对公司的管理体系产生了严重的怀疑：如果绩效不能真实、客观地反映我工作努力的程度，那么我努力工作的意义又是什么？"

这个答案对公司的管理层造成了不小的触动，特别是总经理，他也开始反思这些年来在管人方面的不足："这几年，我们已经慢慢地习惯于单纯地用薪酬来管人，无论是'奖'还是'罚'，都只是用钱来说话，认为只有这种方式最有效。而我们忽略了员工们真正的需求，我们所给的究竟是不是他们想要的？"

的确，薪酬激励的作用一直在被不断地放大。而曾经广泛开展的员工思想教育工作，如今在很多组织中都已难觅踪影。这种趋势大概始于10年前，那时正是80后员工大量涌入组织的初期。80后强烈的自我意识对传统管理模式造成了很大的冲击，在经历了一段非常痛苦的代际冲突期后，组织和管理者终于发现：对于这一代人，单纯地强调思想觉悟已经收效甚微，因此他们不得不开始寻找更实际、更有效的管理和激励模式。在这样的背景下，绩效考核很自然地步入了管理者的视野，并迅速引发了广泛的绩效管理热潮。组织开始逐步建立起以目标管理为核心，以绩效管理为工具，以薪酬激励为杠杆的新的管理框架。

然而，绩效管理在国内发展到今天，已经逐步走入了一个误区：对薪酬杠杆的过度使用和对员工内在需求的忽视，使管理从一个极端走向了另一个极端，从而造成了普遍的"绩效悖论"，即所谓的"做绩效找死，不做绩效等死"。同时，单一的、过度的薪酬激励也造成了很多组织在人员上的投入巨大，却没能起到激励和保留员工的作用。

有一家互联网公司，由于获得了高额的风险投资，他们在"人"上很舍得花钱，经常用两到三倍的薪酬从竞争对手中挖人。对于应届生，他们开出的底薪在整个行业中也极具竞争力。因此，公司每年都能吸引到众多优秀的应届毕业生加盟。但是令他们头痛的是：招人容易留人难。新来的年轻员工通常干不到一年，热情就开始减退，思想也出现波动，离职逐渐增多。公司统计了一下，去年加入的第一批90后大学生一年以后留下的还不足一半。

毋庸置疑，这个组织在人员管理和组织文化上肯定有它的问题，但是随着 90 后员工的加入，保持他们的激情也的确开始成为所有组织面临的一个新的挑战。一家招聘网站连续两年针对 90 后毕业生就业偏好的调查结果显示：90 后并不像 80 后那样将薪酬作为首要的考虑因素，职业兴趣和工作发展前景均排在了薪酬之前。以我的了解，90 后并非不关注薪酬，只是他们想要的更多、更全面。如果工作乏味且难以获得发展，那么再高的薪酬也无法使他们获得长期的满足。

一些组织注意到了这样的变化，也在试图做出一些改变，但改变过程中同样面临着非常多的困惑。一家大型制药企业两年前启动了一项名为"明日精英"的管理培训生计划，并承诺用一整年的时间，通过国内和国外多地的培训，对新人进行系统的培养。这个计划当时吸引了非常多的应届生报名，最终的 30 名入选者可谓是百里挑一。公司在这些年轻人身上投入了很多，但是令他们失望的是，在这些培训生正式上岗后不到一年的时间里，就出现了超过 30% 的人员流失。有不少人被竞争对手挖走，其中一些还直接获得了管理职位。公司管理层感到非常泄气："为什么我们投入了这么多，还是无法留住他们？"而那些离开的 90 后也有他们自己的道理："我们很感谢公司的培养，但如果要熬上 10 年才有机会进入管理层，对我们来说实在是太漫长了。"

轻管理策略：与彼所求，以彼节奏

这家公司的确是在努力培养"精英"，但是他们所想的"明日"，显然与90后理解的不同：他们要培养的是长跑运动员，而我们不得不承认，绝大部分90后目前只对短跑感兴趣。

记得钱钟书先生在《围城》里曾经举过一个例子："天下有两种人。比如一串葡萄，一种人挑最好的先吃，另一种人把最好的留到最后吃。照例第一种人应该乐观，因为他每吃一颗都是吃剩的葡萄里最好的；第二种人应该悲观，因为他每吃一颗都是吃剩的葡萄里最坏的。不过事实却相反，原因是第二种人还有希望，第一种人只有回忆。"显然，管理者都希望自己的员工是后者，而90后恰恰更像前者，他们总是会先挑最好的葡萄吃。不同的是，对于坏葡萄，他们不会留到最后，而是直接扔掉。

这是因为90后普遍缺乏"延迟满足"的能力。他们很难为了更有价值的长远结果而放弃即时的满足；同样，为了当下的满足，他们经常会放弃更长远的目标。"延迟满足"能力在一个人的幼年时期就已形成，并对其一生的发展起着至关重要的作用。如果这种能力发展不足，他们在儿童时期会表现出以下特点：边做作业边看电视、上课时东张西望做小动作、放学后贪玩不回家，性格急躁、缺乏耐心；进入青春期后，在社交中容易羞怯固执，遇到挫折容易心烦意乱，遇到压力不知所措或退缩不前；成年后，对工作和生活缺乏计划、随性而为又轻言放弃、缺乏自省能力且难以被激励。

其实早在 10 年前就已经有心理学家注意到，80 后的"延迟满足"能力与之前的代际相比已表现出明显的差距。他们认为这种结果的形成与独生子女家庭的教育模式有关。是父母在婴幼儿时期对孩子不断地"即时满足"扼杀了他们"延迟满足"能力的发展。

发展心理学研究中有一个经典的"延迟满足"实验。实验者对一些 4 岁的孩子说："桌上有两块糖，如果你能坚持 20 分钟，等我买东西回来后再吃，那么这两块糖就全归你。但是，如果在我回来之前你就想吃，那么只能吃一块。"对孩子们来说，这是一个很艰难的选择——他们都想要两块糖，但又不想为此熬上 20 分钟。

当时的实验结果是：有 2/3 的孩子最终选择了等到最后，并得到了两块糖。当然，控制自己的欲望对他们来说并不容易，不少孩子只能通过闭眼、双手抱头、唱歌或者跳舞的方式来抵御糖的诱惑。有 1/3 的孩子放弃了等待，有些甚至是等实验者一走，一秒钟之内就把那块糖塞进了嘴里。

经过 12 年的追踪（被试者已经 16 岁），凡是当年熬过了 20 分钟的孩子都表现出较强的自制能力，他们自我肯定、充满信心，处理问题的能力较强，坚强并乐于接受挑战；而选择吃一块糖的孩子，则表现出犹豫不决、多疑、妒忌、神经质、任性、抗挫折能力差等缺点，自尊心易受伤害。在后来几十年的跟踪观察中，也证明了那些延迟满足能力较强的孩子们在事业上更容易获得成功。

这个实验完成于 60 多年前，我相信如果现在重复这个实验，能够为了第二块糖等上 20 分钟的孩子将很难再达到 2/3。事实上，他们在实际生活中也很少能有这样的机会，因为一旦他们有要求的时候，父母多数会很快满足他们。即使是父母有意做规矩，但是面对孩子的哭闹和老人们的压力，也极少有家长可以坚持到底。正是因为可以不断地获得"即时满足"，他们的身体就很自然地延缓或放弃了"延迟满足"能力的发展。

除了"即时满足"以外，阻碍这种能力发展的另一个重要原因是"过度选择"。对于现在的年轻人来说，机会不再显得那么宝贵，因为他们面前总是有太多的选择。就好比桌上除了葡萄以外，还有苹果、西瓜、芒果、香蕉、桃子等多到数不清的各种水果，他们吃葡萄的时候思考的已经不再是葡萄本身，而是在想着下一个要吃什么。选择太多的一个必然结果就是：人们很难对某个选择保持长久的忠诚，更不会愿意去忍受吃"坏葡萄"的痛苦。

因此，"过度选择"也是"过度自我"的一个重要原因，无论是80后还是90后，之所以从这两代人开始表现出过度的自我意识，很大程度上是因为他们所生活的时代为他们提供了太多的选择。在他们看来，"这个不行还有别的"，他们不会为了获得一个机会而去努力地讨好别人、压抑自己。你也很难要求他们像前辈们一样，为了一个单一的选择而付出长期的、艰苦的努力。

正是因为90后普遍缺乏延迟满足的能力，组织在设法激励90后时首先要考虑的就是改变节奏。管理者要想办法把800米的长跑拆分成8个100米，然后让90后以短跑的速度逐段去跑，并在段与段之间留出必要的休息和调整时间。刚才那家制药公司的问题就是没能处理好长跑与短跑的关系，以至于让90后难以感受到希望，并最终放弃了"比赛"。而我们在第六章的案例中提到的从"工龄工资"到"一次性服务奖励"的改变则正是基于这种思想的实践。

节奏的改变是激励90后的前提，而最终的激励效果则取决于组织和管理者是否能够真正满足他们的需求。之所以很多组织对90后员工激励乏力，是因为他们还在沿用那些适用于80后的激励方法，想当然地认为这些方法对90后员工同样有效。虽然在"延迟满足"的问题上，80后与90后具有很大的相似性，但是，在核心激励因素方面，他们之间又存在着本质的不同。

美国心理和行为学家赫茨伯格在1959年提出了著名的"双因素理论"，其中的"保健因素"和"激励因素"为管理者熟知并被广泛应用。而组织当下面临的绝大部分激励问题，也正是出在对这两个因素的理解偏差上。赫茨伯格双因素理论实质上是针对满足的目标而言的。所谓"保健因素"反映的是人们对外部条件的要求，而"激励因素"则是人们对工作本身的要求。因此，薪酬和福利在本质上都属于保健因素，虽然它们也具备一定的激励作用。

根据双因素理论，要调动人的积极性，就要在"满足"二字上做文章。满足人们对外部条件的要求，称为间接满足，它可以使人们受到外在激励；满足人们对工作本身的要求，称为直接满足，它可以使人们受到内在激励。每一代人都希望在两种因素上同时获得满足，但是由于时代的局限性，他们实际的要求也有很大差异。由于 80 后普遍承担着巨大的经济压力，因此他们很自然地会把工作的外部条件放在首要位置，包括薪酬、福利和工作环境。足够的外在激励可以使他们获得满足。而对于 90 后来说，问题就变得更复杂一些：对于处在安全需求层面的小 X 们来说，虽然外部条件的满足也是非常必要的，但是一旦他们觉得这部分需求得到了基本的满足，需求层次马上会发生跳跃，转而像小 Y 们一样，开始全力追求工作本身的意义。这时候，只有真正的激励因素可以激励到他们，而这些因素都与工作的内在价值和个人的内心感受有关，其中最重要的三项是：成就、认可和成长的可能。

这些因素是不存在代际差异的，因为它们是每一个职业人的共同追求。所以从这个意义上讲，90 后是非常容易被激励的，因为每一个管理者都知道他们想要什么，就像你们自己内心渴求的一样。但同时，他们也是最难被激励的，因为这对组织和管理者都提出了更高的要求，只有首先承认他们是独立的、有尊严的、独特的个体，以真实、坦诚的心态面对他们，才有可能真正被他们接纳，并有效地激励他们。

梦想管理，与金钱无关

想要保持 90 后的激情，就一定要善用"激励因素"，通过"直接满足"使他们获得"内在激励"。90 后不缺乏激情，他们最大的优点和最大的缺点都来源于此，而这一切则是因为他们心中有梦。

与之前的所有代际相比，90 后的梦想更加清晰。你可以问任何一个 90 后，我相信他都可以马上告诉你他的梦想是什么。虽然这些梦想有时显得那么不切实际，但这并不影响他们从中不断地获取动力。对他们来说，梦想已不仅仅是青春的装饰品，而已成了生活的必需。

另外，90 后与前辈之间的另一个重要区别是梦想的自主性。虽然每个人都有梦想，但并非每个梦想都是自发产生的。恰恰相反，在相当长的时期内，大部分人的梦想更多的是基于长辈们的期望。当我们认可并在行为上去努力迎合另一个人的期望时，我们往往也能够取得成功，不过也许只有在成功之后，我们才知道这是不是我们真正想要的。最有力的证明就是，每年有超过 40% 的高校毕业生在就业时专业不对口，而工作 5 年之后，这个数字更是达到惊人的 70%。

梦想的自主性决定着激情的特征。如果我们的梦想源于被动地承载他人的期望，那么这样的梦想在早期必然会以外驱力的形式存在，并且一定会去努力迎合那个时代的基本价值观，这类激情的特征是：爆发力不强但比较持久。而由于 90 后的梦想完全源于他们内心的自我期望，因此会表现为一种强烈的内驱力，并且只与个人兴趣有关，而几乎不受社会价值观的束缚。由此产生的激情爆发力强但不稳定，很有可能随着兴趣点的转移而迅速衰退。

所以，激励 90 后的核心，不在如何激发，而在如何保持。这就要求管理者能够将年轻员工的梦想与组织的梦想有机地联系起来，并形成统一的目标。创造一种环境，促使他们的内驱力得以充分发挥、持续释放，并在不断获得个人成就感的同时帮助组织实现目标。

一家创业公司去年录用了一名清华大学的毕业生，不过很多人觉得这是一个冒险的决定。因为这个年轻人在面试的时候就已经明确表示，他未来的梦想是自主创业。一些管理者担心："就算他干得再好，迟早也还是要走的。到时候我们辛辛苦苦的培养不就全打水漂了？"

而公司的总经理很坚决，对待这个问题他有着和一般人不同的视角："对现在的年轻人来说，最重要的是要让他们发现工作的价值，如果这一点解决不了，资质再好的员工对公司的贡献也会非常有限。所以，我觉得有明确的创业目标反而是好事，因为他已经找到了工作的价值所在。我们给他提供一个系统学习和经验积累的平台，他回报给我们的是自动自发、有创造力的工作……我不认为一个人对组织的贡献仅仅体现在服务期的长短上，如果一个员工能为企业全身心地工作3年，那么他所创造的价值一定比那些普普通通的员工工作5年甚至10年的贡献还要多！"

我非常赞同这样的想法，一个员工哪怕是全身心地为组织服务一年，都可能会给这个岗位或者是部门带来不小的变化。说到自动自发的效果，我不由得又想到了《海底捞你学不会》里的一段话：

海底捞上海五店夏鹏飞：用麻将精神工作！

仔细想一想，其实打麻将包含了所有企业成功的精髓。任何工作都不是一个人单打独斗，要的是集体配合。比如，

你坐在我对面，你洗牌时，牌掉在我脚下，谁捡，当然是我捡！因为早捡起来，早开局；早开局，我好早点赢钱。所以打麻将，不管谁掉了牌，都会有人尽快捡起来……

打麻将的人从来不迟到，说好晚8点，可是刚到7点，三个人就先到了。剩那个人在路上，这三个人电话一顿催，快点来，三缺一！那个人敢说：急什么，不是8点吗？结果，平时舍不得打车，马上打个车跑来了，一看才7点半。第一句话肯定是："不好意思，迟到了。"

另外，说好12点收局，没到12点前，一定有人举手要求"加班"，"实在不好意思，今晚输多了，再打一圈吧。"打一圈就打一圈，你赢了别人输了，不打不好意思。所以打麻将通宵达旦是常事。而且，第二天很少有人抱怨自己又"加了一个夜班"……

另外，打麻将的人从来不抱怨工作环境……冬天捂着被子打，夏天光着膀子打，没桌子把纸箱子放倒，放上板子就是麻将桌。

还有一个神奇的地方，打麻将用手就能摸出来是什么牌，七万与九万，六条和九条，多小的差别啊，居然能摸出来！为什么？因为打麻将的人用心了，用心的人东西就能学进去……

最后，打麻将的人永远不抱怨别人，只从自己身上找原因。他们输了钱只会说:"我点儿好背。"上洗手间拼命洗手,回来后,在点儿好的人身上摸一把,再用别人的打火机点上一支烟,狠狠抽一口,但永远不会抱怨别人……

"如果员工们都能把工作当作麻将来打,那管理就轻松多了!"相信很多人都会有这样的感慨。现实的问题是,靠什么才能让员工做到自动自发?对于 60 后员工来说,靠的是觉悟;对于 70 后、80 后来说,靠的是待遇;对于 90 后呢?我相信只能靠梦想。如果他们的梦想在工作中可以实现,那么组织将从 90 后员工的倾情投入中获得非常多的收益,但是,如果他们个人的梦想与组织目标不同步,那么你几乎没有办法可以激励并留住他们。

因此,面对 90 后,管理者需要改变的是:从帮助下属设定目标,转变为发掘员工的内在梦想,并引导他们将其转化为与组织相一致的目标。从设定到引导的转变,同样反映着权威的更迭。管理者应该明白,我们已不再拥有决定年轻人未来的权力,但是我们可以帮助他们更好地实现梦想。

有这样一位企业家,他一直在为几千名员工的共同梦想而努力。他的企业是一家集超市、百货、专卖店、便利店为一体的大型商业集团。20 年来,他从未停止过思考的就是如何让员工们工作得更快乐,生活得更幸福。除了与员工更多地分享经营利润，提供丰厚的薪酬和福利以外，集团进行了一项更为重要的改革：从 2011 年 10 月开始，所有店面每月闭店休息两天，2012 年春节更是做到了所有门店统一放假 5 天，打破了中国零售业"白天永不歇业""节日延长营业"的铁律。

对于营业员们来说，他们最渴望的就是能有更多的与家人团聚和休息的时间。但是零售行业的特性决定了这样的梦想实现起来非常困难。员工休息时间的增多必然会造成企业成本的上升，这看起来与企业盈利的目标相冲突。但是这位企业家看得更长远，他相信让人们工作得更有尊严会提升经营的效率。事实证明，这样的改变不但激发了员工的积极性，也获得了社会的广泛认同，公司的销售额并没有因为营业时间的缩短而下降。这位企业家帮助员工实现梦想的努力还没有结束，他的最终目标是：所有门店每月闭店 4 天，春节休息 7 天，"让所有营业员享受到和企业白领一样多的休息时间！"

"参与"是最大的认可

对 90 后的第二种有效激励手段就是让他们获得一种参与感。参与体现的是一种认可，而认可对于 90 后员工尤为重要。如果说梦想和目标决定着他们的长期绩效表现，那么认可就是提升他们短期绩效的最重要的动力。

认可反映的更深层的心理需求是一种被需要的感觉，对别人的需要可以产生安全感，而被人需要可以产生成就感。在组织中，虽然 90 后资历最浅，但是他们无时无刻不在渴望被关注，渴望得到这种被需要的感觉。而满足他们的最佳途径就是让他们参与到管理过程之中。

参与的方式有很多种，首先可以给他们一定的话语权。与其让年轻人通过微博、论坛等非正式渠道不加约束地发表对公司的意见，还不如主动给他们提供一条畅所欲言的途径。你可以邀请新员工列席公司的各种会议，并在最后留出 10 分钟听取他们的意见。也许他们并不能提出特别有针对性的建议，但是他们可以提供一个全新的视角，帮助组织换一种方式思考问题。

你还可以将他们组织到一起，进行一些专项的讨论。尤其是那些与"新"有关的内容，比如，公司将要出台的新政策，正在研发的新产品、新的市场策略和推广方案等。90后特有的敏感度一定可以帮到组织。在一家体育用品公司，有一组针对年轻消费者的新设计，在即将投入生产的前夕，就是因为公司里90后员工的普遍差评而搁浅，"这一看就是大叔们的设计，完全不符合我们的品位！"

管理者要多为他们创造与高层沟通的机会。90后与年长的员工不同，他们并不惧怕领导，相反，他们很愿意与领导多接触。一方面，他们渴望从这些成功人士身上多学到一些东西，另一方面，他们也不会放弃任何争取资源的机会。"总裁午餐"就是一种很好的方式，每周或每月由公司挑选一些表现优异的员工与公司领导共进午餐，作为对他们的一种激励。这种方式对90后来说更有效，我的建议是，不要仅仅安排那些优秀的员工，更要考虑那些取得进步的后进员工，由一份邀请传递出的认可信号，很可能会帮助这些员工在绩效表现上取得翻天覆地的变化。

还有，要多为90后创造在组织内表现的机会。我曾经参加过很多公司的年会，令我印象最深刻的不是那些如春晚般的大制作，也并非多达百桌的盛宴大餐，而是去年在一家公司年会上看到的一个环节。通常，各个公司的年会流程都大同小异，从领导的年度报告，到各种奖项颁发，之后是文艺演出和聚餐。而这家公司年会的一个亮点是：以部门为单位，让所有员工上台，每个人用一分钟来描述自己一年来的进步。在发言过程中，我能明显地感受到90后与年长员工的区别，年长员工们普遍表达得很周全，但少不了套话和感谢之词。而90后的表达要直接得多，你能看到他们的紧张和兴奋，你能同时听到他们对自己不加掩饰的表扬和真诚深刻的批评。当多数人把当众表达当作一种负担的时候，90后已把它看作一次重要的自我展示、增进沟通的机会。

"参与"还可以作为一个好的雇主品牌定位，用以创造一个更适合90后员工的组织环境。与以"成长"和"成就"为核心的雇主品牌定位相比，"参与"可能会更符合90后的胃口，因为这是他们需要并且最难获得的。在这样的定位之下，你需要给予的并非实在的"权力"，而是一种表达的"权利"，让他们能够"发出声音，受到重视，看到成果"。参与程度越高，他们融入组织的速度就越快；意见越受重视，他们愿意承担职责的意愿就越强；不断地看到成果，就是对他们最好的激励。

"弹性"奖励

有一名 90 后销售顾问,入职不到一年就取得了公司的季度销售冠军。公司总经理亲自为他颁发了奖金。会后他找到总经理,交回红包:"如果奖金我不要了,您能不能奖励我以后上班不打卡?"

90 后对于自主的需求比任何一代都强烈得多,他们希望掌握自己的时间和空间。如果管理者注意到并接受这一点,那我们很容易通过这个特点找到一系列很好的激励方法。我们要做的就是把"弹性"变成一种特权,而只有表现优秀的员工才能享有这种特权。

就好比工作时间和工作地点,有一些超前的销售团队规定:季度销售冠军可以享受半年的"全面弹性工作计划",包括自己选择办公地点和工作时间,你可以每天在咖啡馆办公,你也可以白天休息，晚上工作，之前的工作业绩证明你有超越指标完成工作的能力，因此组织给你足够大的自我管理空间。只要你能一直保持业绩水平，就可以持续地享受这种特权。

对于组织来说，这样的改变并没有投入成本，但受益的员工却感觉是增加了一项福利，其实从"全面薪酬"的角度看，这部分特权的确构成了非货币化外在薪酬的一部分，而直接起到了激励的作用。

我相信马上就会有管理者提出不同意见，认为这种方式会产生很大的副作用，它会损害制度的统一性，使对其他员工的管理变得更加困难。然而，我要指出的是，面对90后员工，个性管理终将变成一个不可逆转的趋势。因此，我认为有关个性管理的各种尝试都是有益的，只是要注意同时兼顾员工群体的两端并保持奖罚的平衡。

就刚才的例子来说，我们可以进一步细化一下。在传统激励模式下，对于明星销售、普通销售和后进销售通常只在薪酬上加以区分对待。然而，就像我们前面多次提到的一样，单纯的薪酬激励对90后的作用已经非常小，与之形成鲜明对比的是他们对于"自主"的渴求。以"弹性"为核心重新规划销售人员的激励机制有：明星销售享有充分的自主权，包括工作时间和地点；完成业绩的普通销售享受部分自主权，包括弹性工作时间和外出免报备等；完不成任务的销售则暂时需要受到较多的制约，比如每日规定的通话量和拜访次数等。

将"弹性"明确出来，给予不同的人以不同的自主权限，根本目的就是建立一条畅通的管道，让员工在自我选择中实现自我激励。

轻管理秘笈

如何让90后保持工作激情？

"参与"是最大的认可：
A. 赋予话语权
B. 组织专项讨论
C. 创造表现机会
D. 将"参与"作为雇主品牌新定位

淡化权威
强化边界
软化冲突

梦想管理，与金钱无关：
A. 梦想的代际差异
B. 梦想的价值
C. 自动自发的工作
D. 营造梦想的工作环境

"弹性"奖励：
将"弹性"变成一种特权

轻管理策略

与彼所求，以彼节奏

后记：与质疑同行

"90后"这个话题充满了争议。

所以选择了90后管理,就意味着选择了与质疑同行。

在这本书收尾之际,我想利用一点篇幅,对这几年来我被问到的最多的几个问题进行一次集中的回应。

质疑一:"90后"这个词代表着一种歧视,你觉得这样给年轻人贴标签有意思吗?

说实话,我并不想用这个词,但我确实没有更好的选择,理由有二。

一是,从代际研究的角度来看,用年代界定既不准确,也不专业。但是国内并没有如婴儿潮一代、X一代、Y一代之类的代际划分标准,而普遍以XX后进行指代。经过权衡,我觉得尊重使用习惯似乎比单纯强调专业更明智一些。

二是，在各色媒体持续地渲染下，"90后"这个词仿佛已具备了一个三流明星的气质：很少有人知道她演过什么戏，却都知道她和谁有过绯闻。人是用概念思考的动物，正是我们每个人都有的概念思维赋予了"90后"这个简单的词以歧视的意味。而我在努力做的，恰恰是为"90后"去标签化，虽然我非常清楚，这件事做起来并不容易。

质疑二：你觉得把90后像小白鼠一样单独拎出来研究有意义吗？

关于为什么要研究90后，我在本书的第一章里略有涉及，但这还不足以回应上面的质疑。那就让我们站得更高一点，自上而下地看看这个问题。

目前我所有的研究和咨询都是围绕着"关系"展开的，为什么"关系"很重要？是因为我们发现，影响组织的核心因素不是单个的"人"，而是人与人之间的"关系"。好的关系可以使组织富有效率，基业长青，而坏的关系则可直接导致组织的衰亡。

"关系"并不能直接构成"组织"，在它们之间还有一个中间形态，叫作"群体"。"群体"是"关系"的集合，而"组织"是"群体"的集合。显然，居于承上启下位置的"群体"

是我们深入理解"组织关系"的一把钥匙。

在组织行为学中，群体差异的研究是一个重要领域。最重要的群体差异有五种：种族、宗教、性别、地域和代际。群体差异决定了人们在关系建立中的不同模式并影响着组织的和谐程度。

反观我们身处的环境：在中国，种族差异和宗教差异在企业组织中还算不上一个明显的问题。性别和地域差异虽然也引发了很多冲突，但基本上都有规律可循，或者说具有较强的确定性。而只有代际差异，问题表现得最为突出，同时又缺乏可参照的经验。因此，从这个角度上看，代际差异是影响当今中国组织安全与稳定的最大不确定性因素，把它放在重要的位置单独研究是不为过的。

质疑三：有必要专门搞一个什么所谓的 90 后管理吗？

这个问题表面看起来与前面一个有些类似，但我明白它背后隐藏的含义："你不就是想制造些概念多赚点钱吗？"

诚实地讲，如果书能大卖，我当然会很开心，但是我觉得这并不重要。它既不是我做这件事的原因，也不是我一直在期待的那个结果。

在咨询中，我看到太多人由于缺乏好的"关系"而将工作当作一种痛苦；在生活中，我也了解很多人由于不懂得如何相处而将亲密作为一种负担。其实无论是工作还是生活，我们都必须明白：我们改变不了任何人，我们能做的，就是努力创造更好的关系。

90后管理，不为别的，只是想创造一种共同的语境，让管理者和年轻人有机会舒适、安全地坐在一起，喝茶、谈心，享受关系。

质疑四：你所谓的90后管理就是要让管理者不舒服吗？

这不是我的目的，但很有可能是一个客观的结果。代际冲突的实质，就是在权威交替过程中的攻与守，争与夺。而如果你真的认可文化传承的内在规律，明白90后很快成为新的权威是一个必然，那么你就能理解老一辈的不舒服并不是问题的关键。关键是，如何先让年轻人舒服，反过来他们可以让你更舒服。

所以，有朝一日我最希望听到的评价是，90后们说：这事靠谱！

图书在版编目（CIP）数据

轻有力：用90后思维管理90后/韩庆峰著.—北京：中国青年出版社，2014.2（2023.10重印）
ISBN 978-7-5153-2110-3

Ⅰ.①轻… Ⅱ.①韩… Ⅲ.①企业管理 Ⅳ.①F270

中国版本图书馆CIP数据核字（2013）第289547号

轻有力

作　　者：	韩庆峰
责任编辑：	刘　霜
出版发行：	中国青年出版社
社　　址：	北京市东城区东四十二条21号
网　　址：	http://www.cyp.com.cn
编辑中心：	010-57350508
营销中心：	010-57350370
经　　销：	新华书店
印　　刷：	北京科信印刷有限公司
规　　格：	880mm×1230mm　1/32
印　　张：	8.75
字　　数：	160千字
插　　页：	2
版　　次：	2014年2月北京第1版
印　　次：	2023年10月北京第18次印刷
定　　价：	42.00元

本图书如有印装质量问题，请凭购书发票与质检部联系调换
联系电话：010-57350337